EMIL STRIGENS

Optimale Kapitalakkumulation

Volkswirtschaftliche Schriften

Herausgegeben von Dr. J. Broermann, Berlin

Heft 239

Optimale Kapitalakkumulation

Neoklassische Wachstumsmodelle mit exogenem und endogenem Bevölkerungswachstum

Von

Dr. Emil Strigens

DUNCKER & HUMBLOT / BERLIN

Gedruckt 1975 bei Zippel-Druck in Bürotechnik GmbH, Berlin 36
Printed in Germany
ISBN 3 428 03467 8

Vorwort

Die vorliegende Arbeit ist eine revidierte und erweiterte Fassung meiner Dissertation, die im Sommersemester 1974 vom Fachbereich Wirtschaftswissenschaft der Justus-Liebig-Universität Gießen angenommen wurde. Die Literatursammlung ist Anfang 1973 abgeschlossen worden; spätere Publikationen konnten nicht mehr berücksichtigt werden.

Das Thema der Arbeit hat Frau Prof. Dr. Helga Luckenbach vorgeschlagen. Dafür und für zahlreiche Anregungen und hilfreiche Kritik während der Anfertigung möchte ich ihr an dieser Stelle besonders danken. Dank schulde ich auch Herrn Prof. Dr. Hans-Rimbert Hemmer und Herrn Prof. Dr. Horst Rinne. Beide haben das Manuskript gelesen und wertvolle Verbesserungsvorschläge gemacht.

Gießen, im Februar 1975 *Emil Strigens*

Inhaltsverzeichnis

0. Einleitung

Die vorliegende Arbeit analysiert modelltheoretisch normative Aspekte der zeitlichen Entwicklung einer Volkswirtschaft: Es sollen Aussagen über „beste“ Verläufe des Wirtschaftswachstums gemacht werden.

Wirtschaftswachstum ist hier definiert als Zunahme des realen Sozialprodukts. Sie entspricht stets einer Erhöhung des volkswirtschaftlichen Produktionspotentials, da von Konjunkturschwankungen abstrahiert wird. Von allen Bestimmungsgrößen des volkswirtschaftlichen Produktionspotentials wird nur die Entwicklung des Produktionsfaktors Kapital der Optimierung unterworfen. Eine solche Einengung der Frage nach dem optimalen Wirtschaftswachstum auf das Problem der optimalen Investition reduziert den mathematischen Aufwand der Untersuchung, ohne die Analyse grundsätzlicher Aspekte einer rationalen Wachstumspolitik zu beeinträchtigen.

Die Diskussion normativer Aspekte des Wirtschaftswachstums setzt zum einen eine deskriptive Wachstumstheorie voraus, welche die Beziehungen zwischen Wachstumsdeterminanten und Wachstumsergebnis spezifiziert und somit den Bereich der möglichen Wachstumsprozesse absteckt. Zum anderen benötigt man ein Kriterium, das es gestattet, die Wachstumsverläufe zu klassifizieren, um dann aus der Menge der realisierbaren Wachstumspfade den besten isolieren zu können.

In dieser Untersuchung wird die Deskription durch das neoklassische Wachstumsmodell geliefert. Es tritt in seiner einfachsten Version auf, d. h. als Ein-Sektor-Modell und ohne Berücksichtigung des technischen Fortschritts. Die Wahl des Ein-Sektor-Modells läßt sich damit rechtfertigen, daß bei ihm die logische Struktur des Problems, die hier vor allem interessiert, besonders deutlich wird. Darüber hinaus vermag es auch in der praktischen Entwicklungsplanung, bei der häufig die Gestaltung der Kapitalakkumulation im Mittelpunkt steht, eine nützliche Funktion zu erfüllen. In der Praxis stößt nämlich die simultane Planung der Investitionshöhe und der Investitionsstruktur auf der Grundlage eines Mehr-Sektoren-Modells – eine solche wäre erforderlich, um exakte Ergebnisse zu erhalten – auf beträchtliche Schwierigkeiten. Man geht daher schrittweise vor: Zunächst trifft man eine Entscheidung über die Höhe der gesamtwirtschaftlichen Investition, dann erst wird deren Allokation auf die einzelnen Wirtschaftsbereiche vorgenommen. Der ersten Stufe des Planungsprozesses kann das hochaggregierte neoklassische Wachstumsmodell als Basis dienen[1]. Auf einen expliziten Einbau des technischen Fortschritts

---

[1] Vgl. dazu *Tinbergen,* J. und *Bos,* H. G., Mathematical Models of Economic Growth, New York 1962, S. 3.

wurde verzichtet, weil dies im Rahmen von Optimierungsmodellen bisher nur für den speziellen Typ des sowohl autonomen als auch unverkörperten arbeitsvermehrenden Fortschritts in befriedigender Weise gelungen ist. Dessen praktische Relevanz ist jedoch gering. Außerdem lassen sich alle abgeleiteten Theoreme leicht derart transformieren, daß sie für den genannten Fortschrittstyp gelten[2].

Als primäres Ziel der Wachstumspolitik gilt die Steigerung des materiellen Lebensstandards. Er wird gewöhnlich an der Höhe des Pro-Kopf-Konsums oder mit Hilfe einer sozialen Nutzenfunktion, deren Argument der Pro-Kopf-Konsum ist, zu messen versucht. Diese Indikatoren reichen zur Beurteilung alternativer Wachstumsverläufe aus, wenn man sich auf die spezielle Klasse der gleichgewichtigen Wachstumspfade beschränkt. Zur Klassifizierung allgemeiner Wachstumsverläufe benötigt man ein leistungsfähigeres Wohlstandskriterium. Diesem Zweck dient hier das Integral über den Zeitpfad des gesellschaftlichen Nutzens.

Das Optimierungsproblem soll in zwei Varianten erörtert werden, die aus zwei unterschiedlichen Annahmen über das Bevölkerungswachstum resultieren. Im ersten Kapitel der Arbeit wird in Übereinstimmung mit dem weitaus überwiegenden Teil der Literatur zur Wachstumstheorie unterstellt, die Bevölkerung vermehre sich mit einer exogen gegebenen konstanten Rate. Die Bevölkerungsentwicklung tritt folglich als unabhängige Variable auf, die zwar den Wachstumsprozeß entscheidend beeinflußt, ihrerseits aber von dessen Verlauf nicht tangiert wird. Diese Annahme steht im Gegensatz zum entwicklungstheoretischen Denken der Klassiker der Nationalökonomie; sie ist als Reaktion auf die malthusianische Lehre zu begreifen, die durch den Entwicklungsverlauf in den heutigen Industrieländern nicht bestätigt wurde. Doch verzeichnet die implizierte völlige Unabhängigkeit der Bevölkerungsentwicklung von ökonomischen Gegebenheiten die Realität mindestens ebenso sehr wie die klassische Bevölkerungstheorie. Im zweiten Kapitel wird deshalb eine mit empirischen Befunden übereinstimmende Bevölkerungsfunktion diskutiert und auf ihrer Basis die Frage nach einer optimalen Wachstumspolitik erneut gestellt. Das dritte Kapitel schließlich bringt eine Erörterung der wirtschaftspolitischen Relevanz der Fragestellung und der Ergebnisse dieser Arbeit.

---

2 Dazu muß lediglich die Variable k, die in dieser Arbeit stets das Pro-Kopf-Kapital bezeichnet, als Kapital pro Effizienzeinheit des Arbeitseinsatzes interpretiert werden. Zum Begriff „Effizienzeinheit der Arbeit" siehe z. B. *Rose,* K., Grundlagen der Wachstumstheorie, Göttingen 1971, S. 160.

1. Optimale Kapitalakkumulation bei exogenem Bevölkerungswachstum

Mit der Frage des optimalen Wirtschaftswachstums hat sich als erster – und sofort in großer Allgemeinheit – Ramsey in einem 1928 erschienenen Aufsatz auseinandergesetzt[1]. Diese Arbeit fand damals aber keine Resonanz. Erst die Entdeckung der „Goldenen Regel der Kapitalakkumulation“ (neoklassisches Theorem)[2] zu Beginn der sechziger Jahre führte zu einer intensiven Beschäftigung mit diesem Problem. Gegenstand des neoklassischen Theorems, das in Abschnitt 1.1. dargestellt wird, sind die Optimalitätseigenschaften gleichgewichtiger Wachstumspfade. Eine kritische Erörterung der wirtschaftspolitischen Relevanz der Goldenen Regel macht deutlich, daß es notwendig ist, die Analyse auf generelle Wachstumsprozesse auszudehnen. Die dazu erforderlichen Optimalitätskonzepte werden in Abschnitt 1.2. diskutiert. Mit Hilfe der dort erarbeiteten Kriterien erfolgt dann in den Abschnitten 1.3. und 1.4. eine genaue Untersuchung der Optimalitätseigenschaften von Wachstumspfaden, die nicht der restriktiven Gleichgewichtsannahme unterliegen.

1.1. Das neoklassische Theorem

1.1.1. Das Wachstumsmodell

(1) Das neoklassische aggregative Wachstumsmodell[3] beschreibt eine geschlossene Volkswirtschaft, die mit Hilfe zweier homogener Produktionsfaktoren, (Real-)

---

1 *Ramsey,* F. P., A Mathematical Theory of Saving, Economic Journal, Vol. 38 (1928), S. 543 ff.

2 Vgl. *Phelps,* E. S., The Golden Rule of Accumulation: A Fable for Growthmen, American Economic Review, Vol. 51 (1961), S. 638 ff. Gleichzeitig mit Phelps haben auch andere Ökonomen dieses Theorem abgeleitet: *Allais,* M., The Influence of the Capital-Output Ratio on Real National Income, Econometrica, Vol. 30 (1962), S. 700 ff.; *Meade,* J. E., A Neoclassical Theory of Economic Growth, London 1961, S. 110 ff.; *Robinson,* J., A Neoclassical Theorem, Review of Economic Studies, Vol. 29 (1962), S. 219 ff.; *Swan,* T. W., Of Golden Ages and Production Functions, in: Berrill, K. (ed.), Economic Development with Special Reference to East Asia: Proceedings of a Conference Held by the International Economic Association, New York 1964, S. 3 ff.; *Weizsäcker,* C. Ch. v., Wachstum, Zins und optimale Investitionsquote, Basel/Tübingen 1962.

3 Grundlegend für die neoklassische Wachstumstheorie war das von R. M. *Solow* in seinem Aufsatz "A Contribution to the Theory of Economic Growth", Quarterly Journal of Economics, Vol. 70 (1956), S. 56 ff. entwickelte Modell. Swan und Meade veröffentlichten zur gleichen Zeit ähnliche Modelle: *Swan,* T. W., Economic Growth and Capital Accumulation, Economic Record, Vol. 32 (1956), S. 334 ff.; *Meade,* J. E., A Neoclassical Theory of Economic Growth.

Kapital und Arbeit, ein homogenes Gut erzeugt, genannt Sozialprodukt[4]. Der Zusammenhang zwischen technisch effizientem Produktionsergebnis und Faktoreinsatz wird durch die substitutionale makroökonomische Produktionsfunktion

$$(1) \qquad Y(t) = F(K(t), L(t))$$

wiedergegeben.

Das Sozialprodukt $Y(t)$ ist eine Nettogröße, die Aufwendungen für den Kapitalverschleiß sind bereits abgezogen[5]. $K(t)$ repräsentiert sowohl die im Produktionsprozeß eingesetzten Kapitalleistungen als auch den Kapitalstock, $L(t)$ neben den abgegebenen Arbeitsleistungen zugleich die Bevölkerungsgröße im Zeitpunkt t. Das ist bei geeigneter Wahl der Einheiten, in denen die Faktorleistungen gemessen werden, möglich, wenn man - wie hier geschehen - Konstanz der Erwerbstätigenquote und der durchschnittlichen Arbeitszeit unterstellt und annimmt, daß der Marktmechanismus oder Interventionen der wirtschaftspolitischen Instanzen stets für Vollbeschäftigung der vorhandenen Faktorbestände sorgen[6].

Die Produktionsfunktion $F(K(t), L(t))$ ist linear-homogen in K und L und zweimal stetig differenzierbar. Ein positiver Output erfordert den Einsatz beider Faktoren. Die Grenzproduktivitäten sind positiv, aber abnehmend.

Es wird angenommen, daß Bevölkerung und Arbeitspotential mit der exogen vorgegebenen Rate $n(t)$ wachsen. Bezeichnet man die Änderung der Bevölkerungsgröße dL/dt mit $\dot{L}(t)$[7], so gilt

$$(2) \qquad n(t) = \frac{\dot{L}(t)}{L(t)}$$

$$(3) \qquad L(t) = L(0) \exp \int_0^t n(t)dt \qquad L(0) = L_0 > 0.$$

---

4 Durch die Annahme, daß die Produktionsfaktoren homogen sind und nur ein Gut produziert wird, werden diffizile Aggregations- und Bewertungsprobleme umgangen. Vgl. dazu *Fisher*, F., Embodied Technology and Existence of Labor and Output Aggregates, Review of Economic Studies, Vol. 35 (1968), S. 391 ff.; derselbe, Embodied Technology and the Aggregation of Fixed and Movable Capital Goods, Review of Economic Studies, Vol. 35 (1968), S. 417 ff.

5 Eine explizite Berücksichtigung der Abschreibungen in der üblichen exponentiellen Form ist ohne Schwierigkeiten möglich. Da dies die Ergebnisse qualitativ nicht beeinflußt, wird hier davon abgesehen. Vgl. auch *Koopmans*, T. C., Intertemporal Distribution and "Optimal" Aggregate Economic Growth, in: Fellner, W. u. a., Ten Economic Studies in the Tradition of Irving Fisher, New York 1967, S. 99.

6 Der Staat erscheint nicht explizit in diesem Modell. Es wird jedoch vorausgesetzt, daß er existiert und wirtschaftspolitisch aktiv werden kann. Für einen expliziten Einbau der wirtschaftspolitischen Instanzen in das Wachstumsmodell siehe *Foley*, D. K., und *Sidrauski*, M., Monetary and Fiscal Policy in a Growing Economy, New York 1971, sowie *Arrow*, K. J. und *Kurz*, M., Public Investment, The Rate of Return, and Optimal Fiscal Policy, Baltimore/London 1970.

7 Alle mit einem Punkt versehenen Symbole repräsentieren zeitliche Änderungen der betreffenden Variablen.

Das Sozialprodukt $Y(t)$ kann entweder konsumiert oder gespart werden. Da annahmegemäß die Nettoinvestition $\dot{K}$ stets der geplanten Ersparnis gleich ist, hängt das Wachstum des Kapitalstocks von der Sparquote ab:

$$(4) \qquad s(t) = \frac{\dot{K}(t)}{Y(t)}$$

$$(5) \qquad K(t) = K(0) + \int_0^t s(t)Y(t)dt \qquad K(0) = K_0 > 0.$$

Wenn die Zeitpfade von n und s bekannt sind, beschreiben die Gleichungen (1), (3) und (5), ausgehend von der Faktorausstattung eines beliebigen Anfangszeitpunkts t_0, die zeitliche Entwicklung von L, K, Y, $\dot{K}$ und C (Konsum) für die gesamte Zukunft.

(2) Für wohlstandstheoretische Überlegungen stellen Pro-Kopf-Einkommen und Pro-Kopf-Konsum eine geeignetere Grundlage dar als die entsprechenden absoluten Größen. Das Wachstumsmodell soll deshalb in Pro-Kopf-Variablen formuliert werden. Da die Produktionsfunktion $F(K(t), L(t))$ konstante Skalenerträge aufweist, gilt[8]

$$(6) \qquad F(K, L) = LF(\frac{K}{L}, 1) = Lf(\frac{K}{L}) = Lf(k) \qquad k = \frac{K}{L}$$

$$(7) \qquad y = \frac{Y}{L} = f(k).$$

Aus (3), (5) und (7) erhält man die fundamentale Bewegungsgleichung des neoklassischen Wachstumsmodells

$$(8) \qquad \dot{k}(t) = \frac{d}{dt}(\frac{K}{L}) = \frac{\dot{K}}{L} - \frac{K}{L}\frac{\dot{L}}{L} = \frac{sY}{L} - \frac{K}{L}\frac{\dot{L}}{L}$$

$$= sy - nk = sf(k) - nk$$

$$= f(k) - c - nk \qquad c = \frac{C}{L}.$$

Das Pro-Kopf-Kapital nimmt also zu $(\dot{k}(t) > 0)$, wenn die Pro-Kopf-Ersparnis $sf(k)$ größer ist als nk. k fällt $(\dot{k}(t) < 0)$, wenn $sf(k)$ kleiner ist als nk. nk ist der Teil des Pro-Kopf-Outputs, der investiert werden muß, wenn das Pro-Kopf-Kapital und damit das Pro-Kopf-Einkommen nicht infolge des positiven Bevölkerungswachstums sinken soll. Den Betrag nk bezeichnet man daher als „Kosten des Bevölkerungswachstums“[9].

---

[8] Wenn keine Mißverständnisse auftreten können, wird in Zukunft das Argument t weggelassen.

[9] Vgl. *Weizsäcker*, C. Ch. v., Wachstum, Zins und optimale Investitionsquote, S. 39 ff.

Sind die Zeitpfade der Bevölkerungswachstumsrate $n(t)$ und der Sparquote $s(t)$ sowie der Anfangsbestand an Pro-Kopf-Kapital $k(0) = K(0)/L(0) = k_0 > 0$ gegeben, so determiniert die Lösung der Differentialgleichung (8) die zeitliche Entwicklung aller Pro-Kopf-Variablen und unter Berücksichtigung von (3) auch die der absoluten Größen.

1.1.2. Gleichgewichtige Wachstumspfade

(1) Im Standardmodell der neoklassischen Wachstumstheorie wird unterstellt, die Sparquote s und die Bevölkerungswachstumsrate n seien konstant. Das System zeigt dann langfristig eine Entwicklung, die man Gleichgewichtswachstum oder steady state growth oder Wachstum im golden age nennt[10]. Darunter versteht man "a growth path on which literally every variable changes over time (if at all) at a constant proportionate rate"[11].

Die durch die Differentialgleichung (8) beschriebene Volkswirtschaft befindet sich somit auf einem Gleichgewichtspfad, wenn die Änderung des Pro-Kopf-Kapitals $\dot{k}$ null ist. Die Kapitalintensität k besitzt dann ihren gleichgewichtigen Wert $\hat{k}$, der durch die Relation

$$sf(\hat{k}) = n\hat{k} \tag{9}$$

bestimmt ist: Bei dieser Höhe des Pro-Kopf-Kapitals reicht die Pro-Kopf-Ersparnis $sf(k)$ gerade aus, um die Kosten des Bevölkerungswachstums nk zu decken, k bleibt folglich konstant. Konstanz des Pro-Kopf-Kapitals k impliziert aber auch Konstanz des Pro-Kopf-Einkommens y und des Pro-Kopf-Konsums c. Da die Bevölkerung mit der Rate n wächst, bleiben $k = K/L$, $y = Y/L$ und $c = C/L$ nur dann unverändert, wenn der Kapitalstock K, das Sozialprodukt Y und der Konsum C mit derselben Rate wachsen. Man nennt das Gleichgewicht daher quasi-stationär.

(2) Das Problem der Existenz, Eindeutigkeit und Stabilität des Gleichgewichts, das lange Zeit im Vordergrund der wachstumstheoretischen Diskussion stand, kann in einfacher Weise anhand der Pro-Kopf-Version des Wachstumsmodells analysiert werden. Aufgrund der Eigenschaften, die der Produktionsfunktion $F(K,L)$ unterstellt wurden, gelten für die Pro-Kopf-Produktionsfunktion $f(k)$ die sogenannten Inada-Bedingungen[12]:

$$\begin{aligned} &f'(k) > 0 && f''(k) < 0 \\ &\lim_{k\to 0} f'(k) = \infty && \lim_{k\to\infty} f'(k) = 0 \\ &f(0) = 0 && f(\infty) = \infty \end{aligned} \tag{10}$$

[10] Vgl. *Hahn*, F. und *Matthews*, R. C. O., The Theory of Economic Growth: A Survey, Economic Journal, Vol. 74 (1964), S. 781; *Robinson*, J., The Accumulation of Capital, London/Melbourne/Toronto 1965, S. 99; *Rose*, K., Grundlagen der Wachstumstheorie, S. 34 ff. und S. 78.

[11] *Phelps*, E. S., Golden Rules of Economic Growth, New York 1966, S. 8.

[12] Vgl. *Inada*, K., On a Two-Sector Model of Economic Growth: Comments and Generalization, Review of Economic Studies, Vol. 30 (1963), S. 119 ff.

$f(k)$ ist daher eine streng konkave und monoton wachsende Funktion, deren Steigung von unendlich (für $k = 0$) auf null (für $k = \infty$) sinkt. Unter diesen Umständen gibt es für jede Sparquote s, $0 \leqq s \leqq 1$, und jede Bevölkerungswachstumsrate n, $0 < n \leqq \infty$, einen und nur einen endlichen Wert des Pro-Kopf-Kapitals, welcher der Gleichgewichtsbedingung (9) genügt. Das ist auch unmittelbar aus Abb. 1(1) zu erkennen, in der für die beiden Sparquoten s_1 und s_2 die Kurven der Pro-Kopf-Ersparnis $s_1 f(k)$ und $s_2 f(k)$ eingezeichnet sind. Jede hat nur einen Schnittpunkt mit dem Graphen nk, der die Kosten des Bevölkerungswachstums wiedergibt. Dieser Schnittpunkt determiniert aber die der jeweiligen Sparquote entsprechende gleichgewichtige Kapitalintensität $\hat{k}$, da hier Gleichung (9) erfüllt ist. Das Gleichgewicht ist stabil; denn liegt die Kapitalintensität unter (über) ihrem Gleichgewichtswert, dann sind die Kosten des Bevölkerungswachstums geringer (höher) als die Pro-Kopf-Ersparnis. Die Kapitalintensität steigt (sinkt) also bis sie mit der gleichgewichtigen übereinstimmt. Dies demonstriert auch am Beispiel der Sparquote s_1 das Phasendiagramm der Abb. 1(2): $k < \hat{k}_1$ $(k > \hat{k}_1)$ impliziert $\dot{k} > 0$ $(\dot{k} < 0)$; $k(t)$ nähert sich daher aus jeder Ungleichgewichtslage asymptotisch dem Gleichgewichtswert $\hat{k}_1$.

Gleichzeitig macht Abb. 1(1) deutlich, daß alternativen Sparquoten (bei Konstanz von n) unterschiedliche Gleichgewichtswerte des Pro-Kopf-Kapitals, des Pro-Kopf-Einkommens und des Pro-Kopf-Konsums zugeordnet sind (vgl. die zu der Sparquote s_1 gehörenden Gleichgewichtswerte $\hat{k}_1, \hat{f}_1$ und $\hat{c}_1$ mit den Werten $\hat{k}_2, \hat{f}_2$ und $\hat{c}_2$, die der Sparquote s_2 entsprechen). Die gleichgewichtige Wachstumsrate der absoluten Größen ist jedoch von der Sparquote unabhängig, sie stimmt immer mit der exogen vorgegebenen Rate des Bevölkerungswachstums überein.

1.1.3. Der konsumniveaumaximierende Gleichgewichtspfad

(1) Bei gegebener Bevölkerungswachstumsrate sind die Gleichgewichtswerte der Kapitalintensität um so höher, je höher die Sparquote ist. Dies folgt aus den Gleichungen (9) und (10) und ist auch aus Abb. 1(1) zu ersehen: Je größer die Sparquote ist, desto weiter nach rechts verlagern sich die Schnittpunkte zwischen der Kurve der Pro-Kopf-Ersparnis $sf(k)$ und der Kurve der Kosten des Bevölkerungswachstums nk. Hingegen bewirkt eine kontinuierliche Erhöhung der Sparquote keine ständige Zunahme des gleichgewichtigen Pro-Kopf-Konsums $\hat{c}$. Einer hohen Sparquote entspricht ein Gleichgewichtspfad mit hohem Einkommens-, jedoch relativ niedrigem Konsumniveau; andererseits führt eine niedrige Sparquote auf einen gleichgewichtigen Wachstumspfad, der zwar ein geringes Pro-Kopf-Einkommen, aber einen relativ hohen Pro-Kopf-Konsum aufweist. Es muß demnach eine Sparquote existieren, die einen Gleichgewichtspfad erzeugt, auf dem der Pro-Kopf-Konsum sein höchstes Niveau erreicht. Diese Sparquote soll ermittelt werden.

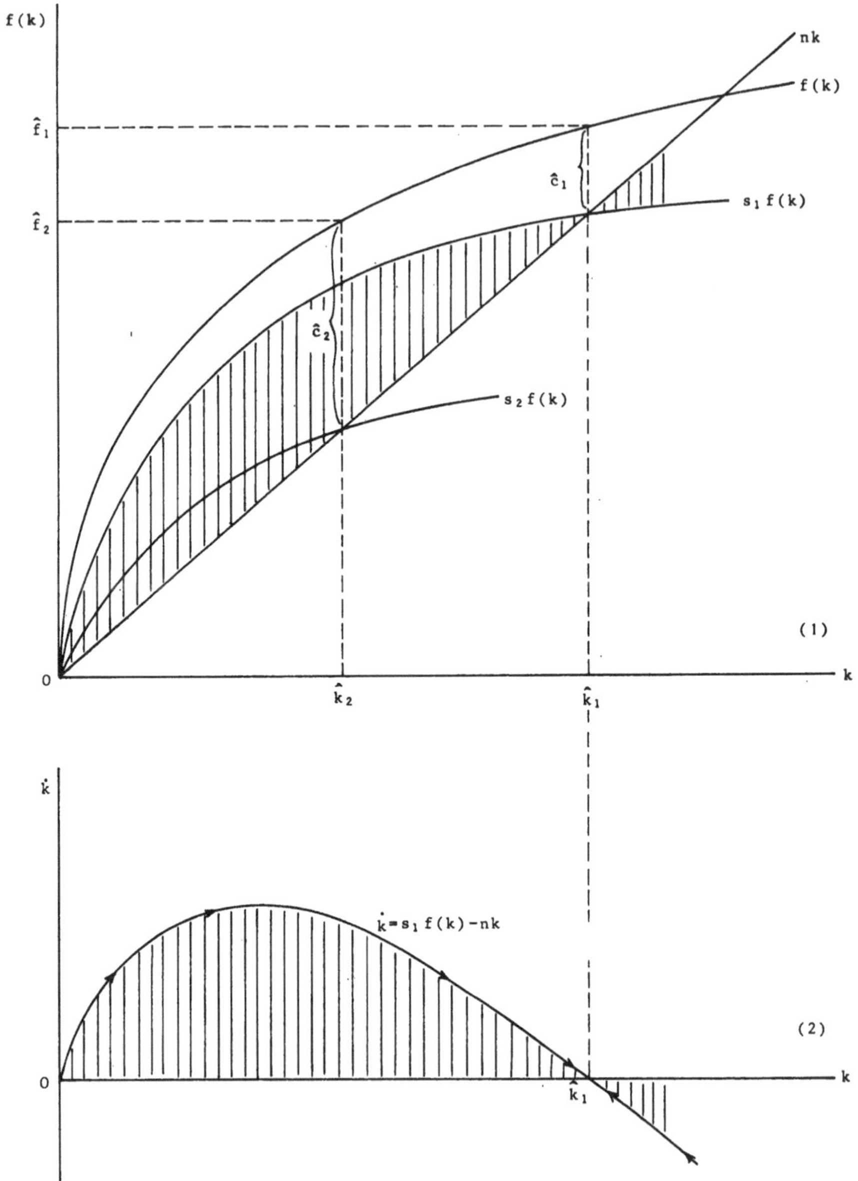

Abb. 1

Da die gleichgewichtige Kapitalintensität von der Sparquote abhängt,

(11) $$\hat{k} = \hat{k}(s),$$

und im Wachstumsgleichgewicht der gesamte Pro-Kopf-Output, der die Kosten des Bevölkerungswachstums überschreitet, für den Konsum zur Verfügung steht, gilt auf jedem Gleichgewichtspfad für den Pro-Kopf-Konsum

(12) $$\hat{c}(s) = f(\hat{k}(s)) - n\hat{k}(s).$$

Die Sparquote, der der maximale Gleichgewichtskonsum $\hat{\hat{c}}$ zugeordnet ist, erhält man, indem man (12) nach s differenziert und die erste Ableitung gleich null setzt[13]:

(13) $$\frac{d\hat{c}}{ds} = f'(\hat{k}) \frac{d\hat{k}}{ds} - n \frac{d\hat{k}}{ds} = [f'(\hat{k}) - n] \frac{d\hat{k}}{ds} = 0.$$

Die Gleichgewichtswerte des Pro-Kopf-Kapitals wachsen mit steigender Sparquote, $d\hat{k}/ds$ ist also stets positiv. Aus (13) folgt daher, daß der konsumniveaumaximierende Gleichgewichtspfad der Bedingung

(14) $$f'(\hat{k}) - n = 0$$

zu genügen hat, d. h. auf ihm muß die Grenzproduktivität des Kapitals[14] der Bevölkerungswachstumsrate entsprechen. Aufgrund der Inada-Bedingungen existiert für jeden beliebigen positiven Wert von n genau ein Gleichgewichtspfad, der (14) erfüllt. Die ihn charakterisierende Kapitalintensität $\hat{\hat{k}}$ wird durch die Relation

(15) $$f'(\hat{\hat{k}}) = n$$

determiniert (vgl. Abb. 2(1)).

Aus (9) und (15) erhält man für die Sparquote $\hat{\hat{s}}$, die zu dem konsumniveaumaximierenden Gleichgewichtspfad gehört, den Ausdruck

(16) $$\hat{\hat{s}} = \frac{n\hat{\hat{k}}}{f(\hat{\hat{k}})} = \frac{f'(\hat{\hat{k}})\hat{\hat{k}}}{f(\hat{\hat{k}})} = \frac{\partial F}{\partial K} \frac{K}{F}.$$

Mithin stimmt auf dem konsumniveaumaximierenden Gleichgewichtspfad die Sparquote mit der Produktionselastizität des Kapitals $(\partial F/\partial K)\ (K/F)$ überein, der bei einer Entlohnung der Produktionsfaktoren nach ihrem Grenzprodukt die Zinseinkommensquote entspricht.

---

13 Wegen $\frac{d^2 f}{dk^2} < 0$, ist $\frac{d^2 \hat{c}}{ds^2} < 0$; es liegt also tatsächlich ein Maximum vor.

14 $\frac{\partial F}{\partial K} = \frac{\partial}{\partial K} Lf(k) = Lf'(k)\frac{1}{L} = f'(k).$

Die Bedingung (15) wurde von Phelps „Goldene Regel der Kapitalakkumulation" genannt[15].

(2) Welche normative Bedeutung kommt der Goldenen Regel zu? Kann den wirtschaftspolitischen Instanzen, die eine Maximierung des materiellen Lebensstandards anstreben, empfohlen werden, die durch (16) bestimmte Spar- und Investitionsquote durchzusetzen[16]?
a) Die Goldene Regel sucht den optimalen Wachstumspfad ausschließlich unter den gleichgewichtigen Pfaden. Damit ist der Kreis der zur Wahl zugelassenen Wachstumspfade stark eingeengt. Da es jedoch keine Hinweise gibt, die von vornherein für eine generelle Superiorität gleichgewichtiger Wachstumspfade gegenüber ungleichgewichtigen sprechen, ist diese Beschränkung durch nichts gerechtfertigt.
b) Jeder Gleichgewichtspfad ist durch eine bestimmte konstante Kapitalintensität gekennzeichnet. Realisiert man die Sparquote der Goldenen Regel, so wächst die Volkswirtschaft nur dann auf dem konsumniveaumaximalen Gleichgewichtspfad (Goldener Pfad), wenn der Anfangsbestand an Realkapital pro Kopf der Bevölkerung $k(0)$ bereits den optimalen Wert $\hat{k}$ besitzt. Das dürfte – von seltenen Ausnahmefällen abgesehen – in der Realität nicht zutreffen. Folgt man der Goldenen Regel, spart man also den Anteil $\hat{s} = (f'(\hat{k})\hat{k})/f(\hat{k})$ des Sozialprodukts, obwohl $k(0) \neq \hat{k}$, so nähert sich zwar die Wirtschaft dem Goldenen Pfad, d. h., $k(t)$ strebt gegen $\hat{k}$ (vgl. Abb. 2(2)), doch dieser ungleichgewichtige Anpassungspfad ist a priori anderen Transitpfaden mit variierenden Sparquoten in keiner Weise überlegen.

Dieser Sachverhalt läßt sich mit Hilfe des Vier-Quadranten-Schemas der Abb. 2 veranschaulichen[17]. Der erste Quadrant enthält die Kurve des verfügbaren Outputs $c + \dot{k} = f(k) - nk$, die den nach Abzug der Kosten des Bevölkerungswachstums für Konsum- und Investitionszwecke verwendbaren Pro-Kopf-Output zeigt. Ist $\dot{k} = 0$, dann ordnet sie jeder Kapitalintensität den zugehörigen gleichgewichtigen Pro-Kopf-Konsum zu. In der Ausgangssituation t_0 befinde sich die Wirtschaft auf einem gleichgewichtigen Wachstumspfad, auf dem $k(t) = k_0$ und $c(t) = c_0$ sei. Die herrschende Sparquote ist kleiner als die optimale $\hat{s}$, da $k_0 < \hat{k}$. Verwirklicht man vom Zeitpunkt t_0 an die Sparquote $\hat{s}$, so wird $\dot{k}$ positiv und die Wirtschaft nähert sich dem konsumniveaumaximierenden Wachstumsgleichgewicht. Die diesem Annäherungsprozeß entsprechenden Zeitpfade des Pro-Kopf-Konsums $c(t)_{\hat{s}}$ und des Pro-Kopf-Kapitals $k(t)_{\hat{s}}$ sind im zweiten und vierten Quadranten eingezeichnet. Sie lassen sich in einfacher Weise aus der Kurve (Trajektorie) $\dot{k} = \hat{s}f(k) - nk$ gewinnen. Die Kapitalintensität nimmt zunächst progressiv zu, bis sie den Wert k_1

[15] *Phelps*, E. S., The Golden Rule of Accumulation: A Fable for Growthmen.

[16] Vgl. dazu auch *Pearce*, I. F., The End of the Golden Age in Solovia: A Further Fable for Growthmen Hoping to be "One up" on Oiko, American Economic Review, Vol. 52 (1962), S. 1088 ff.

[17] Zur Konstruktion vgl. *Gandolfo*, G., Mathematical Methods and Models in Economic Dynamics, Amsterdam/London 1971, S. 310 ff.

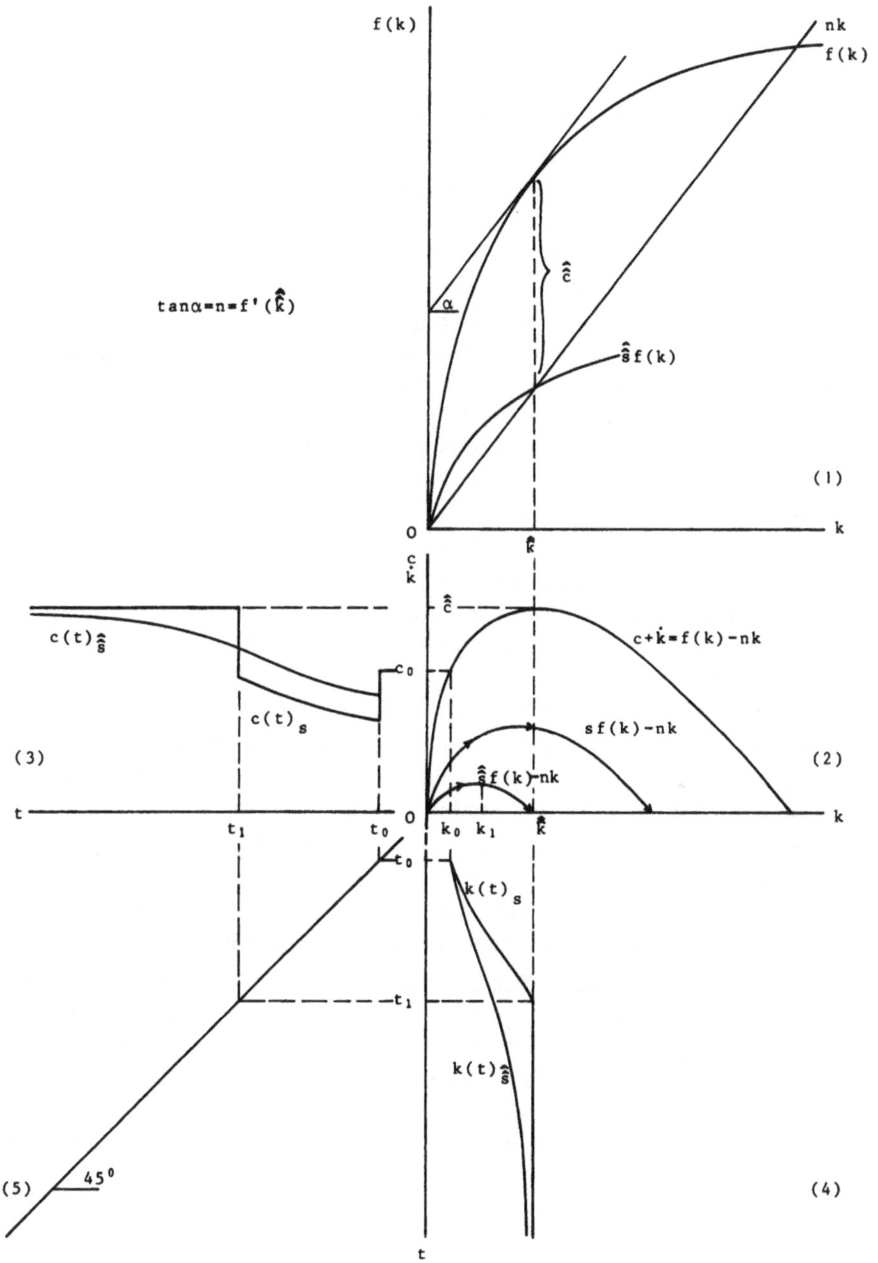
f(k)
nk
f(k)
$\hat{\hat{c}}$
tanα=n=f'($\hat{\hat{k}}$)
α
$\hat{\hat{s}}$f(k)
(1)
0
k
$\hat{\hat{k}}$
c, $\dot{k}$
$\hat{\hat{c}}$
c(t)$_{\hat{\hat{s}}}$
c+$\dot{k}$=f(k)-nk
c₀
c(t)$_s$
sf(k)-nk
(3)
(2)
$\hat{\hat{s}}$f(k)-nk
t
t₁
t₀
0
k₀
k₁
k
t₀
k(t)$_s$
t₁
k(t)$_{\hat{\hat{s}}}$
(5)
45°
(4)
t

Abb. 2

erreicht, da für $k<k_1$ $d\dot{k}/dt>0$, und nähert sich dann asymptotisch dem Wert $\hat{k}$, weil $\dot{k}>0$, $d\dot{k}/dt < 0$ für $k_1<k<\hat{k}$ und $\lim_{k\to\hat{k}} \dot{k} = 0$. Den Konsumpfad erhält man, indem man für jede erreichte Kapitalintensität den vertikalen Abstand zwischen den Kurven $c+\dot{k}$ und $\hat{s}f(k) - nk$ ermittelt. Der Pro-Kopf-Konsum steigt degressiv an und strebt asymptotisch gegen seinen maximalen Wert $\hat{c}$.

Auf den konsumniveaumaximierenden Wachstumspfad $\{\hat{k},\hat{c}\}$ kann man auch gelangen, wenn man zunächst eine Sparquote durchsetzt, die größer ist als $\hat{s}$. Die Entwicklung vollzieht sich dann gemäß einer Trajektorie wie $\dot{k} = sf(k) - nk$. Wie der entsprechende Zeitpfad des Pro-Kopf-Kapitals $k(t)_S$ zeigt, wächst die Kapitalintensität nun schneller und erreicht im Zeitpunkt t_1 den Wert $\hat{k}$. Wird jetzt die Sparquote auf $\hat{s}$ reduziert, so bleibt die Kapitalintensität fortan konstant, und die Wirtschaft bewegt sich auf dem konsumniveaumaximierenden Gleichgewichtspfad. Das ist dem Konsumpfad $c(t)_S$ zu entnehmen. $c(t)_S$ liegt bis zum Zeitpunkt t_1 unterhalb von $c(t)_{\hat{S}}$; in t_1 steigt der Pro-Kopf-Konsum sprunghaft auf $\hat{c}$ und verharrt auf diesem Niveau. Ab t_1 liegt der Pro-Kopf-Konsum von $c(t)_S$ also stets über dem von $c(t)_{\hat{S}}$. Denkbar wäre eine Annäherung an den konsumniveaumaximierenden Gleichgewichtspfad auch in der Weise, daß die Sparquote sukzessive auf den Wert $\hat{s}$ erhöht wird. Der Konsumpfad liegt dann zunächst über $c(t)_{\hat{S}}$.

Über die relative Güte der möglichen Anpassungspfade vermag das Optimalitätskriterium der Goldenen Regel kein Urteil zu fällen, da es nur Wachstumspfade ordnen kann, deren zugehörige Konsumpfade sich nicht schneiden. Gerade dies ist aber hier der Fall. Es gibt unendlich viele Anpassungspfade, deren Konsumpfade sich kreuzen. Muß also realistischerweise davon ausgegangen werden, daß die vorgegebene Kapitalintensität $k(0) = k_0$ von der optimalen $\hat{k}$ abweicht, so ist die Goldene Regel für die Wirtschaftspolitik selbst dann kaum von Nutzen oder gar irreführend, wenn man von dem Einwand a) absieht.

Sowohl aus den in a) als auch aus den in b) genannten Gründen ist es demnach nicht möglich, sich bei der Suche nach der besten Wachstumsstrategie auf die spezielle Klasse der gleichgewichtigen Wachstumspfade zu beschränken. Vielmehr müssen dabei alle realisierbaren Pfade berücksichtigt werden.

(3) Wenn auch die Goldene Regel unmittelbar keine Leitmaxime wirtschaftspolitischen Handelns darstellt, so liefert sie doch ein Argument für eine wachstumspolitische Betätigung des Staates. Das neoklassische Theorem zeigt, daß es gesamtwirtschaftlich ineffizient ist, dauernd eine Kapitalintensität aufrechtzuerhalten, die den zum Goldenen Pfad gehörenden Wert $\hat{k}$ übersteigt, da in diesem Fall der Pro-Kopf-Konsum stets unter dem höchstmöglichen liegt[18]. Wie Untersuchungen

---

[18] Vgl. *Phelps*, E. S., The End of Golden Age in Solovia: Comment, American Economic Review, Vol. 52 (1962), S. 1097 ff.

von Samuelson[19], Diamond[20], Cass und Yaari[21] entnommen werden kann, ist eine derartige Situation bei unbeeinflußter, ausschließlich individueller Spar- und Investitionstätigkeit aber durchaus möglich.

1.2. Ein generelles Optimalitätskonzept

1.2.1. Das Wohlstandsfunktional

(1) Durch die Entdeckung der Goldenen Regel wurde das Interesse in starkem Maße auf die Frage des optimalen Wachstums gelenkt. Man suchte Lösungen für Probleme, die denen der wirtschaftspolitischen Praxis mehr entsprechen als jene, auf welche das neoklassische Theorem eine Antwort zu geben vermag.

In der bisher beschriebenen Modellwirtschaft läßt sich eine reale Situation folgendermaßen charakterisieren: Im Planungszeitpunkt $t = 0$ sind der Kapitalbestand, das Arbeitspotential und damit die Produktionskapazität gegeben. Die Entwicklung der Produktionskapazität ist zum Teil prädeterminiert, da das Arbeitspotential mit einer exogen bestimmten konstanten Rate wächst. Dagegen hängt das Wachstum des Kapitalstocks von der Entscheidung ab, welcher Anteil des Sozialprodukts in jedem Zeitpunkt investiert wird. Je größer die Investition heute ist, desto höher sind morgen der Kapitalstock, daher auch das Sozialprodukt und somit der potentielle Konsum, desto geringer ist aber der mögliche Konsum heute. Jede Gesellschaft befindet sich deshalb ständig in einem Konflikt[22]. Welcher Zeitpfad der Spar- und Investitionsquote, d. h., welche Wachstumsstrategie soll realisiert werden?

Um eine rationale Wahl treffen zu können, benötigen die wirtschaftspolitischen Instanzen ein Kriterium, das die realisierbaren Wachstumsverläufe nach dem Grade ihrer Erwünschtheit ordnet. Der Optimalitätsindikator der Goldenen Regel, die Höhe des Pro-Kopf-Konsums, ist dazu nicht in der Lage, da er nur gleichgewichtige Wachstumspfade zu klassifizieren vermag. Es muß deshalb ein leistungsfähigeres Kriterium herangezogen werden.

---

19 *Samuelson*, P. A., An Exact Consumption-Loan Model of Interest with or without the Social Contrivance of Money, Journal of Political Economy, Vol. 66 (1958), S. 467 ff.

20 *Diamond*, P. A., National Debt in a Neoclassical Growth Model, American Economic Review, Vol. 55 (1965), S. 1126 ff.

21 *Cass*, D. und *Yaari*, M. E., Individual Saving, Aggregate Capital Accumulation and Efficient Growth, in: Shell, K. (ed.), Essays on the Theory of Optimal Growth, Cambridge (Mass.) 1967, S. 233 ff.; vgl. auch *Cass*, D., On Capital Overaccumulation in the Aggregative Neoclassical Model of Economic Growth: A Complete Characterization, Journal of Economic Theory, Vol. 4 (1972), S. 200 ff.

22 *Bombach*, G., Wirtschaftswachstum, Handwörterbuch der Sozialwissenschaften, Bd. 12, Stuttgart/Tübingen 1966, S. 792.

(2) Ein Wachstumsprozeß ist ein komplexer zeitlicher Vorgang[23]. Dem trägt man bei der Konstruktion eines funktionsfähigen Präferenzsystems dadurch Rechnung, daß man stufenweise vorgeht. Zunächst wird eine soziale Nutzenfunktion definiert, die jedem Zustand der Gesellschaft einen bestimmten Wert, den gesellschaftlichen Nutzen, zumißt. Es handelt sich also um eine soziale Nutzenfunktion im Sinne von Bergson[24]. Soll eine solche Funktion auch nur wenigen elementaren Ansprüchen genügen, so stößt ihre Ermittlung - wie Arrow gezeigt hat[25] - auf nahezu unüberwindliche Schwierigkeiten, wenn man einem weithin akzeptierten Werturteil folgt und verlangt, "that social choice should depend on individuel preferences"[26]. Auf diese Probleme kann hier nicht eingegangen werden. Die Existenz einer gesellschaftlichen Nutzenfunktion wird vielmehr vorausgesetzt und untersucht, welche Konsequenzen sich daraus für eine optimale Gestaltung der Wachstumspolitik ergeben.

Da die Nutzenfunktion U in ihren Argumenten und in ihrem Aggregationsgrad mit dem deskriptiven Modell übereinstimmen muß, kommen als unabhängige Variable die Bevölkerungsgröße L, der Kapitalstock K, das Sozialprodukt Y und der Konsum C sowie deren Veränderungsraten bzw. die entsprechenden Pro-Kopf-Größen in Frage: .

$$U = U(L, \dot{L}; K, \dot{K}; Y, \dot{Y}; C, \dot{C}) \tag{17}$$

$$U = U(L, \dot{L}; k, \dot{k}; y, \dot{y}; c, \dot{c}). \tag{18}$$

Überwiegend geht man aber von der Vorstellung aus, primäres Ziel der Wachstumspolitik sei die Erhöhung des materiellen Lebensstandards, als dessen Basis das Niveau des Pro-Kopf-Konsums angesehen wird, und betrachtet den gesellschaftlichen Nutzen U eines jeden Zeitpunkts (Momentannutzen) als allein durch die Höhe des Pro-Kopf-Konsums c determiniert[27]:

---

23 Es ist daher nur natürlich, daß in der Literatur eine Vielzahl von Gütekriterien zur Beurteilung von Wachstumsverläufen diskutiert wird. Auf eine Wiedergabe sei verzichtet und auf die Übersichten bei Koopmans, Chakravarty und Britsch verwiesen: *Koopmans*, T. C., Objectives, Constraints, and Outcomes in Optimal Growth Models, Econometrica, Vol. 35 (1967), S. 1 ff.; *Chakravarty*, S., Capital and Development Planning, Cambridge (Mass.) 1969, S. 23; *Britsch*, K., Zur ökonomischen Theorie der Planung optimaler Entwicklung, Düsseldorf 1971, S. 7.

24 *Bergson*, A., A Reformulation of Certain Aspects of Welfare Economics, Quarterly Journal of Economics, Vol. 52 (1938), S. 310 ff.

25 *Arrow*, K. J., Social Choice and Individual Values, New York 1951.

26 *Sen*, A. K., Collective Choice and Social Welfare, Edinburgh/London 1970, S. 2.

27 Vgl. *Koopmans*, T. C., Objectives, Constraints, and Outcomes in Optimal Growth Models, S. 2; *Ryder*, H. E., Optimal Accumulation and Trade in an Open Economy of Moderate Size, in: Shell, K. (ed.), Essays on the Theory of Optimal Economic Growth, S. 91; *Bombach*, G., Optimales Wachstum und Gleichgewichtswachstum, in: Schneider, E. (Hrsg.), Optimales Wachstum und optimale Standortverteilung, Schriften des Vereins für Socialpolitik, N. F. Bd. 47, Berlin 1962, S. 56 ff.; *Chakravarty*, S., Capital and Development Planning, S. 4.

(19) $U = U(c)$.

(3) In der wachstumstheoretischen Literatur findet auch zuweilen eine soziale Nutzenfunktion Verwendung, die in der orthodoxen utilitaristischen Vorstellung wurzelt, „das größte Glück der größten Zahl“[28] sei zu fördern[29]. Man postuliert eine “equal capacity for satisfaction” sowie Gleichverteilung der Einkommen und nimmt als Ausdruck des gesellschaftlichen Nutzens U das Produkt aus Bevölkerungszahl L und individuellem Nutzen eines repräsentativen Mitglieds der Gesellschaft $u(c)$:

(20) $U = Lu(c)$.

Hier wird der Bevölkerungsgröße eine selbständige Bedeutung für die Höhe des gesellschaftlichen Wohlstands beigemessen. Ein Sinken des Individualnutzens kann durch Bevölkerungswachstum kompensiert werden. Eine solche gesellschaftliche Nutzenfunktion dürfte gegenwärtig allenfalls für eine sehr kleine Zahl von Volkswirtschaften repräsentativ sein. Den folgenden Erörterungen liegt daher (19) zugrunde.

(4) Die soziale Nutzenfunktion wird generell als invariant in der Zeit angesehen. Das bedeutet, ein bestimmter Pro-Kopf-Konsum stiftet im Zeitpunkt t_1 genau denselben Nutzen wie im Zeitpunkt t_2 $(t_1 \neq t_2)$. Ist die Differenz zwischen t_1 und t_2 genügend groß, so konsumieren in t_1 und t_2 verschiedene Generationen.

Die zeitliche Invarianz der Nutzenfunktion wurde mit dem Argument kritisiert, die Annahme einer konstanten Bedürfnisstruktur in der Generationenabfolge sei unrealistisch[30]. Diese Kritik geht jedoch insofern fehl, als Strukturfragen in einem aggregativen Modell notwendigerweise ausgeklammert bleiben müssen. Zeitliche Änderungen der Nutzenfunktion wären hier nur als Verschiebung (Erhöhung) des Anspruchsniveaus zu interpretieren, in der Weise, daß dem gleichen Pro-Kopf-Konsum im Zeitpunkt t_1 ein höherer Nutzen entspräche als im Zeitpunkt t_2 $(t_1 < t_2)$. Die Berücksichtigung derartiger Verschiebungen bedeutet aber, daß die zeitliche Verteilung des Konsums zugunsten späterer, reicherer Generationen beeinflußt wird. Ob man ein zunehmendes Anspruchsniveau in die Bestimmung der optimalen Wachstumsstrategie einbezieht oder nicht, ist daher eine Werturteilsfrage.

---

[28] *Bentham*, J., An Introduction to the Principles of Morals and Legislation, in: Page, A. N. (ed.), Utility Theory: A Book of Readings, New York/London/Sidney 1968, S. 3 ff.; vgl. auch *Little*, I. M. D., A Critique of Welfare Economics, London 1963, S. 8 ff.

[29] Vgl. z. B. *Cass*, D., Optimum Growth in an Aggregate Model of Capital Accumulation, Review of Economic Studies, Vol. 32 (1965), S. 233 ff.; *Dasgupta*, P. S., On the Concept of Optimum Population, Review of Economic Studies, Vol. 36 (1969), S. 233 ff.; *Meade*, J. E., Trade and Welfare, London 1955, Kap. VI; *Solow*, R. M., Growth Theory, Oxford 1970, S. 81 ff.

[30] *Frey*, B. S., Optimales Wachstum: Übersicht und Kritik, Jahrbücher für Nationalökonomie und Statistik, Bd. 184 (1970), S. 27 ff.

(5) Ein Werturteil bezüglich der intertemporalen Allokation enthält auch der häufig unterstellte Grenznutzenverlauf[31]

$$(21) \qquad \frac{dU}{dc} > 0, \qquad \frac{d^2U}{dc^2} < 0.$$

Die Nutzenfunktion weist demnach einen positiven, aber abnehmenden Grenznutzen auf. Die Unterstellung eines abnehmenden Grenznutzens, die für eine individuelle Nutzenfunktion plausibel ist, wird in bezug auf eine gesellschaftliche Nutzenfunktion fragwürdig[32]. Doch läßt sich die Grenznutzenfunktion als Gewichtungssystem für die intertemporale Verteilung interpretieren[33]. Abnehmender Grenznutzen impliziert, daß dem zusätzlichen Konsum einer Generation, die bereits ein relativ hohes Versorgungsniveau besitzt, weniger Bedeutung beigelegt wird als der Konsumsteigerung einer relativ armen Generation.

Die Reaktion des Grenznutzens auf Variationen des Pro-Kopf-Konsums läßt sich auch mit Hilfe des Begriffs der Grenznutzenelastizität $\sigma(c)$ beschreiben. Darunter versteht man den mit dem Faktor (-1) multiplizierten Quotienten aus relativer Änderung des Grenznutzens und der diese verursachenden relativen Änderung des Pro-Kopf-Konsums:

$$(22) \qquad \sigma(c) = -\frac{\frac{dU'}{U'}}{\frac{dc}{c}} = -\frac{dU'}{dc}\frac{c}{U'} = -\frac{U''}{U'}c.$$

Wegen (21) ist $\sigma(c)$ positiv. Man spricht in diesem Fall von einer elastischen Grenznutzenfunktion.

Um abschätzen zu können, welchen Einfluß die Höhe der Grenznutzenelastizität auf den Verlauf des optimalen Akkumulationspfades hat, wird das Optimierungsproblem sowohl für eine Nutzenfunktion mit elastischem Grenznutzen (vgl. Abschnitt 1.3.1.) als auch für eine Nutzenfunktion mit unelastischem Grenznutzen (vgl. Abschnitt 1.3.2.) diskutiert. Für letztere gilt

$$(23) \qquad \frac{dU}{dc} > 0 \qquad \frac{d^2U}{dc^2} = 0 \qquad \sigma(c) = 0.$$

---

[31] Es läßt sich zeigen, daß die durch das Wohlstandsfunktional W (s. u.) für die Menge der möglichen Wachstumspfade definierte Rangskala nicht invariant ist in bezug auf monotone Transformation der sozialen Nutzenfunktion $U(c)$. Um konsistente Ergebnisse zu erzielen, muß daher von der restriktiven Annahme einer kardinalen Nutzenmessung Gebrauch gemacht werden. Vgl. dazu *Kemp*, M. C. und *Hadley*, G., Variational Methods in Economics, Amsterdam/London 1971, S. 364 ff.; siehe auch *Frisch*, R., Dynamic Utility, Econometrica, Vol. 32 (1964), S. 418 ff.

[32] Vgl. *Vosgerau*, H. J., Über optimales wirtschaftliches Wachstum, Basel/Tübingen 1965, S. 21.

[33] Vgl. *Koopmans*, T. C. Objectives, Constraints, and Outcomes in Optimal Growth Models, S. 5; siehe auch *Koopmans*, T. C., Intertemporal Distribution and "Optimal" Aggregate Economic Growth, S. 118 ff.

Eine solche Nutzenfunktion ist durch einen konstanten positiven Grenznutzen gekennzeichnet. Die Nutzensteigerung aufgrund einer Erhöhung des Pro-Kopf-Konsums ist unabhängig von der Ausgangshöhe des Pro-Kopf-Konsums.

(6) $U(c)$ gibt den gesellschaftlichen Nutzen jeden Zeitpunkts in Abhängigkeit von der Höhe des Pro-Kopf-Konsums in diesem Zeitpunkt wieder. Gesucht ist ein Wohlstandsfunktional, d. h. ein Kriterium, das die Güte ganzer Wachstumsprozesse bewertet. Als solches Wohlstandsfunktional W kann das Integral über den Zeitpfad des gesellschaftlichen Nutzens, der seinerseits vom Zeitpfad des Pro-Kopf-Konsums abhängt, fungieren

$$W = \int_0^T U(c(t))dt. \tag{24}$$

Je größer die „Summe" der Momentannutzen eines möglichen Wachstumsprozesses - charakterisiert durch den dazugehörenden Konsumpfad - ist, desto höher rangiert er in der Präferenzskala der Gesellschaft.

Ein Funktional[34], das als Integral geschrieben werden kann, bezeichnet man als additiv-separabel. Diese Eigenschaft beinhaltet aber die Unabhängigkeit der Nutzenniveaus verschiedener Zeitpunkte voneinander. (24) gilt daher nur, wenn die Grenzrate der Substitution zwischen dem Konsum zweier Zeitpunkte von dem Konsum irgendeines anderen Zeitpunkts unbeeinflußt ist[35]. Das wird in der Theorie des optimalen Wachstums nahezu immer vorausgesetzt. Insbesondere von Hicks wurde diese Unterstellung wegen ihrer Realitätsferne kritisiert[36]. Ihr restriktiver Inhalt wird von Brzeski[37] anschaulich verdeutlicht: "Were this applicable to any individual, the relative importance between his lunch and his supper would be entirely unaffected by what type of breakfast, if any, he had that morning or expects to have the morning after". Dennoch sei die Unabhängigkeitsannahme beibehalten, denn "we do not know how to specify (Abhängigkeit) in an analytic manner which would be deemed adequate to the problem"[38].

---

[34] Zum allgemeinen Begriff des Funktionals siehe *Kemp*, M. C. und *Hadley*, G., Variational Methods in Economics, S. 13.

[35] Vgl. *Hicks*, J., Capital and Growth, Oxford 1965, S. 256 ff. und S. 335 ff.; *Morishima*, M., Theory of Economic Growth, Oxford 1969, S. 216 ff.; *Koopmans*, T. C., Stationary Ordinal Utility and Impatience, Econometrica, Vol. 28 (1960), S. 287 ff.; *Koopmans*, T. C., *Diamond*, P. A. und *Williams*, R. E., Stationary Utility and Time Perspective, Econometrica, Vol. 32 (1964), S. 82 ff.

[36] *Hicks*, J., Capital and Growth, S. 252.

[37] Zitiert bei *Wan*, H. Y., Economic Growth, New York 1971, S. 274.

[38] *Chakravarty*, S., Optimal Savings with Finite Planning Horizon, International Economic Review, Vol. 3 (1962), S. 340 f.; zu neueren Versuchen, Komplementarität zu berücksichtigen, siehe *Wan*, H. Y., Optimal Saving Programs Under Intertemporally Dependent Preferences, International Economic Review, Vol. 11 (1970), S. 251 ff.; *Samuelson*, P. A., Turnpike Theorems Even Though Tastes Are Intertemporally Dependent, Western Economic Journal, Vol. 9 (1971), S. 21 ff.; *Ryder*, H. E. und *Heal*, G. H., Optimal Growth with Intertemporally Dependent Preferences, Review of Economic Studies, Vol. 40 (1973), S. 1 ff.; *Glycopantis*, D., Optimality Conditions in Certain Models with Intertemporally Dependent Tastes, Western Economic Journal, Vol. 10 (1972), S. 139 ff.

1.2.2. Das Diskontierungsproblem

(1) Das bisher diskutierte Welfare-Funktional impliziert Zeitneutralität[39], sein Wert ist unabhängig von dem Zeitpunkt, in dem die Momentannutzen anfallen. Das gilt nicht mehr, wenn - wie es häufig geschieht[40] - als Optimalitätskriterium das Integral der auf den Planungszeitpunkt abdiskontierten Nutzen verwendet wird:

$$W = \int_0^T e^{-rt} U(c) dt \qquad r > 0. \tag{25}$$

(*r* ist der Diskontsatz.) Hier kommt eine Zeitpräferenz zum Ausdruck, das Gewicht der Momentannutzen nimmt mit der zeitlichen Entfernung vom Planungszeitpunkt ab.

(2) Zur Diskontierungsfrage werden drei Standpunkte vertreten. Eckstein[41], Marglin[42] u. a. postulieren eine soziale Nutzenfunktion des individualistischen Typs und leiten dann aus der unterstellten Gültigkeit des „Gesetzes der Minderschätzung künftiger Bedürfnisse"[43] für Individuen eine positive soziale Diskontrate ab. Ihre Höhe würde sich als Durchschnittswert der individuellen Zeitpräferenzen ergeben, wenn die individuellen Nutzen voneinander unabhängig wären. Geht man von der realistischen Annahme interpersoneller Nutzeninterdependenzen aus, so ist der soziale Diskontsatz - wie Marglin gezeigt hat[44] - in der Regel niedriger als das Mittel der individuellen Zeitpräferenzen.

Pigou[45], Ramsey[46] und Harrod[47] lehnen dagegen die Berücksichtigung eines positiven Diskontsatzes bei gesellschaftlichen Planungsproblemen ab[48]. Sie bestreiten nicht, daß eine systematische Minderschätzung zukünftiger Bedürfnisse seitens

---

39 Vgl. *Koopmans*, T. C., On the Concept of Optimal Economic Growth, in: The Econometric Approach to Development Planning, Amsterdam/Chicago 1965, S. 240; derselbe, Stationary Ordinal Utility and Impatience, S. 288.

40 Vgl. z. B. *Cass*, D., Optimum Growth in an Aggregate Model of Accumulation; *Mirrlees*, J. A., Optimum Growth When Technology is Changing, Review of Economic Studies, Vol. 34 (1967), S. 95 ff.; *Inagaki*, M., Optimal Economic Growth, Amsterdam/London 1970.

41 Vgl. *Eckstein*, O., Investment Criteria for Economic Development and the Theory of Intertemporal Welfare Economics, Quarterly Journal of Economics, Vol. 71 (1957), S. 56 ff.

42 *Marglin*, S. A., The Social Rate of Discount and the Optimal Rate of Investment, Quarterly Journal of Economics, Vol. 77 (1963), S. 95 ff.

43 *Böhm-Bawerk*, E. v., Positive Theorie des Kapitals, Bd. 1, 4. Aufl., Jena 1921, S. 318 ff.

44 *Marglin*, S. A., The Social Rate of Discount.

45 *Pigou*, A. C., The Economics of Welfare, 3. Aufl., London 1929, S. 25 ff.

46 *Ramsey*, F. P., A Mathematical Theory of Saving.

47 *Harrod*, R. F., Towards a Dynamic Economics, London 1948, S. 40.

48 Vgl. auch *Dobb*, M., Political Economy and Capitalism, New York 1940, S. 289 und S. 311 ff.; *Lange*, O., On the Economic Theory of Socialism, in: Lippinott, B. (ed.), On the Economic Theory of Socialism, Minneapolis 1938, S. 90 ff.

der Individuen vorliegen mag. Sie sind aber der Meinung, daß sich daraus keine positive soziale Diskontrate ableiten lasse, da die Faktoren, die eine individuelle Diskontierung verursachen, bei der Gesellschaft als Ganze keine Rolle spielen könnten. Die individuelle Minderschätzung künftiger Bedürfnisse wird einmal auf Willensmängel zurückgeführt; sie ist zum anderen Ausfluß einer rationalen Haltung gegenüber der beschränkten Lebenserwartung eines Individuums[49]. Die Gesellschaft - so argumentieren Pigou, Ramsey und Harrod - habe aber im Gegensatz zum Individuum eine unbegrenzte Lebensdauer, und die mangelnde Voraussicht der einzelnen dürfe von den wirtschaftspolitischen Entscheidungsträgern nicht übernommen werden. Anders als Marglin sind die genannten Autoren der Auffassung, in die soziale Nutzenfunktion müßten die Interessen künftiger Generationen mit derselben Gewichtung eingehen wie die der gegenwärtig Lebenden[50]. Nach ihrer Ansicht würde die geforderte Gleichheit zwischen den Generationen verletzt, wenn man einen positiven Diskontsatz in die soziale Wohlstandsfunktion einführte.

Aus einer ganz anderen Perspektive äußern sich Diamond, Koopmans und Williams zu dem Diskontierungsproblem[51]. Sie unterstellen die Existenz eines stetigen Welfare-Funktionals, das additiv-separabel sowie zeitinvariant ist, und sie zeigen, daß diese Annahmen eine positive Zeitpräferenz implizieren. Mit der logischen Deduktion eines positiven Diskontsatzes ist die Kontroverse jedoch nicht entschieden, da das Ergebnis mit den Prämissen steht und fällt. Diese Prämissen erleichtern zwar die analytische Behandlung des Optimierungsproblems, sie sind aber zum Teil übermäßig eng[52].

Es wird hier keine Stellung bezogen für oder gegen eine Diskontierung. Vielmehr soll die Frage des optimalen Wachstums unter beiden Voraussetzungen untersucht werden.

1.2.3. Der Planungshorizont

(1) Ein Welfare-Integral ist solange kein eindeutig definiertes Optimalitätskriterium, als die obere Integrationsgrenze T nicht festliegt. T stellt den Planungshorizont dar: T gibt somit den Zeitraum an, über den der Wachstumsprozeß optimal gestaltet werden soll.

---

49 Vgl. *Böhm-Bawerk*, E. v., Positive Theorie des Kapitals, S. 332 ff.; *Marshall*, A., Principles of Economics, 8. Aufl., London 1920, S. 120 ff.

50 Die wirtschaftspolitischen Entscheidungsträger sollen als "trustee for unborn generations as well as for its present citizens" handeln. Vgl. *Pigou*, A. C., The Economics of Welfare, S. 29; siehe dazu auch *Chakravarty*, S., Capital and Development Planning, S. 34 ff.

51 *Diamond*, P. A., The Evaluation of Infinite Utility Streams, Econometrica, Vol. 33 (1965), S. 170 ff.; *Koopmans*, T. C., Stationary Ordinal Utility and Impatience; *Koopmans*, T. C., *Diamond*, A. P. und *Williams*, R. E., Stationary Utility and Time Perspective.

52 Vgl. *Chakravarty*, S., Capital and Development Planning, S. 38 ff.

In den konsumorientierten Optimierungsmodellen[53] wird überwiegend $T = \infty$ gesetzt. Dem liegt die Vorstellung zugrunde, daß die Existenz der betrachteten Volkswirtschaft zeitlich unbegrenzt ist. Die Wahl eines bestimmten endlichen Planungshorizonts kann dann nicht frei von Willkür sein. Außerdem ist unter dieser Voraussetzung auch jenseits jeden beliebigen $T < \infty$ eine positive Konsumgüterproduktion notwendig. Das erfordert einen positiven Kapitalstock. Der Bestand an Pro-Kopf-Kapital im Zeitpunkt T, $k(T)$, muß aber der Planung als Nebenbedingung vorgegeben werden, da anderenfalls eine Wachstumsstrategie gewählt werden könnte, bei der $k(t)$ gegen null strebt, wenn man sich dem Planungshorizont T nähert. Da die Größe des Endkapitalbestands in entscheidender Weise die Produktions- und Konsummöglichkeiten der Volkswirtschaft nach T determiniert, werden bei der Festlegung von $k(T)$ Erwägungen eine Rolle spielen müssen, die den Wohlstand der nach T lebenden Generationen betreffen. Ist aber das Optimierungsproblem für ein endliches T nicht lösbar, ohne das Geschehen nach T zu berücksichtigen, dann sollte dies explizit erfolgen, indem man die Planung auf der Basis eines unendlichen Zeithorizonts durchführt[54].

(2) Durch die Wahl eines unendlichen Planungshorizonts vermeidet man zwar die mit einem endlichen Planungshorizont verbundene Willkür und Inkonsequenz, handelt sich dafür aber eine Reihe konzeptioneller und mathematischer Schwierigkeiten ein. Mit $T = \infty$ werden die Welfare-Funktionale (24) und (25) zu uneigentlichen Integralen. Nur wenn sie konvergieren, können sie ihre Aufgabe erfüllen, die möglichen Wachstumsverläufe in eine Rangordnung zu bringen. Ist dies nicht der Fall, erhalten differierende Konsumpfade unterschiedslos den Wert unendlich, und es wird kein bestes Programm mehr definiert.

Damit das Welfare-Integral $\int_0^\infty U(c(t))dt$ konvergiert, ist es notwendig (nicht aber hinreichend), daß U als Funktion der Zeit gegen null strebt, wenn t unbeschränkt wächst

(26) $$\lim_{t \to \infty} U(c(t)) = 0.$$

Diese Bedingung wird jedoch für $c > 0$ selbst dann nicht erfüllt, wenn der Pro-Kopf-Konsum in der Zeit nicht zunimmt. (24) ist daher divergent und somit für die Lösung des Planungsproblems unbrauchbar.

---

[53] In konsumorientierten Optimierungsmodellen hängt der soziale Wohlstand eines Wachstumsprozesses ausschließlich von dem Verlauf des zugehörigen Konsumpfades ab. Im Gegensatz dazu stellen kapitalorientierte Modelle auf die Höhe des Kapitals und seine Akkumulationsrate ab.

[54] Vgl. dazu auch *Arrow*, K. J., Application of Control Theory to Economic Growth, in: Dantzig, B. und Veincott, A. F. (eds.), Mathematics of the Decision Sciences, Part 2, Providence 1968, S. 92; *Chakravarty*, S., Capital and Development Planning, S. 20; derselbe, The Existence of an Optimal Savings Program, Econometrica, Vol. 30 (1962), S. 178; *Koopmans*, T. C., On the Concept of Optimal Growth, S. 229; *Malinvaud*, E., The Analogy Between Atemporal and Intertemporal Theories of Resource Allocation, Review of Economic Studies, Vol. 28 (1961) S. 143 ff.; *Schips*, B., Zur Theorie des optimalen Wachstums, Meisenheim 1969, S. 36 ff.; *Solow*, R. M., Growth Theory, S. 81.

Das Wohlstands-Integral $\int_0^\infty e^{-rt}U(c(t))dt$ ist hingegen bei einem positiven Diskontsatz $(r>0)$[55] imstande, für die Menge aller zulässigen Wachstumspfade eine Präferenzordnung zu erzeugen, da es konvergiert. Das soll zunächst für den Fall gezeigt werden, daß die Anfangskapitalintensität $k(0)$ kleiner ist als die maximal aufrechtzuerhaltende $\hat{k}$; $\hat{k}$ wird durch die Beziehung

$$(27) \qquad f(\hat{k}) = n\hat{k}$$

definiert: Der gesamte Output muß investiert werden, um bei wachsender Bevölkerung den Pro-Kopf-Kapitalbestand auf dem gegebenen Niveau zu halten. Wenn $k(0)$ kleiner ist als $\hat{k}$, kann mithin das Pro-Kopf-Kapital den Wert $\hat{k}$ nie überschreiten. Es gilt demnach

$$(28) \qquad c(t) \leq f(\hat{k}).$$

Daraus folgt

$$(29) \qquad \int_0^\infty e^{-rt}U(c(t))dt \leq \int_0^\infty e^{-rt}U(f(\hat{k}))dt = U(f(\hat{k}))\int_0^\infty e^{-rt}dt$$
$$= U(f(\hat{k}))\left(-\frac{1}{r}e^{-rt}\right)\Big|_0^\infty = \frac{U(f(\hat{k}))}{r}.$$

Das Welfare-Integral (25) ist daher nach oben beschränkt und somit konvergent.

Der Anfangsbestand an Pro-Kopf-Kapital $k(0)$ kann die maximal aufrechtzuerhaltende Höhe $\hat{k}$ nur dann überschreiten, wenn die Produktionsfunktion oder die Wachstumsrate der Bevölkerung sich geändert haben, so daß die neue maximal aufrechtzuerhaltende Kapitalintensität kleiner ist als vorher. Für $k(0) > \hat{k}$ ergibt sich

$$(30) \qquad \dot{k} = f(k) - nk - c < 0,$$

da die Kosten des Bevölkerungswachstums nk größer sind als der Pro-Kopf-Output $f(k)$. Ist der Pro-Kopf-Konsum $c(t) = 0$, so nähert sich die Kapitalintensität $k(t)$ asymptotisch dem Wert $\hat{k}$. Geht man aber realistischerweise von einem positiven Pro-Kopf-Konsum aus, dann wird in endlicher Zeit ein $k(t) < \hat{k}$ erreicht, und der obige Beweis für die Konvergenz von (25) ist vollständig übertragbar.

Unterstellt man eine positive Zeitpräferenz $(r>0)$, dann scheitert die Lösung der Optimierungsaufgabe also nicht an der Unmöglichkeit, eine Rangordnung zu definieren. Ramsey, der 1928 als erster die Frage des optimalen Wachstums einer Volkswirtschaft untersuchte, lehnte jedoch aus ethischen Gründen die Verwendung eines

---

[55] Für $r < 0$ ist auch (25) divergent. Vgl. *Koopmans*, T. C., On the Concept of Optimal Growth, S. 279. Ein negativer Diskontsatz ist a priori wenig plausibel; dieser Fall wird daher nicht erörtert.

positiven Diskontsatzes ab; er postulierte ein Welfare-Funktional des Typs (24)[56]. Um dennoch ein optimales Programm ableiten zu können, war er deswegen zu einer Umformulierung des Optimierungsproblems gezwungen. Der Ramsey-Approach wird in verallgemeinerter Form in Abschnitt 1.4. dargestellt. Im folgenden Abschnitt 1.3. soll der optimale Wachstumspfad auf der Grundlage des Optimalitätskriteriums (25) ermittelt werden.

1.3. Wohlstandsmaximierende Wachstumspfade: Der Diskontierungsansatz

1.3.1. Die optimale Wachstumsstrategie bei elastischem Grenznutzen

(1) Der Wachstumsprozeß kann gesteuert werden, indem man entweder auf die Spar- und Investitionsquote $s(t)$ einwirkt oder der Wirtschaft in jedem Zeitpunkt das Niveau des Pro-Kopf-Konsums $c(t)$ bzw. der Pro-Kopf-Investition $i(t) = s(t)f(k(t))$ direkt vorgibt[57]. Eine Diskussion des Optimierungsproblems, bei dem $s(t)$ als Instrumentvariable (Kontroll-, Steuerungsvariable) erscheint, folgt in Ausschnitt 1.3.2. Vorläufig soll $c(t)$ diese Rolle übernehmen. Außerdem wird hier im Gegensatz zur Analyse in Abschnitt 1.3.2. eine soziale Nutzenfunktion mit elastischem Grenznutzen ($\sigma(c) > 0$) unterstellt.

Dem Diskontierungsapproach der Theorie des optimalen Wachstums liegt die Annahme zugrunde, das Integral der diskontierten Momentannutzen sei das Kriterium für den sozialen Wert eines Wachstumsprozesses. Die Planungsinstanzen haben daher die Aufgabe, von allen möglichen Zeitpfaden des Pro-Kopf-Konsums denjenigen zu ermitteln, der das Wohlstands-Funktional

$$(31) \qquad W = \int_0^\infty e^{-rt} U(c(t))\,dt$$

maximiert. Möglich ist jedes Konsumprogramm, das mit dem historisch vorgegebenen Pro-Kopf-Kapitalbestand

$$(32) \qquad k(0) = k_0 > 0$$

und der fundamentalen Bewegungsgleichung des neoklassischen Wachstums

$$(33) \qquad \dot{k} = f(k) - nk - c$$

vereinbar ist.

---

[56] *Ramsey*, F. P., A Mathematical Theory of Saving.

[57] Nur eine der beiden Größen $c(t)$, $i(t)$ ist wegen der Identität $c(t) + i(t) = f(k(t))$ frei wählbar.

Zusätzlich wird der Pro-Kopf-Konsum $c(t)$ zuweilen noch den Restriktionen

(34a) $$c(t) \leqq f(k(t))$$

(34b) $$0 \leqq \bar{c} \leqq c(t)$$

unterworfen. (34a) verbietet eine negative Investition. In der untersuchten Ein-Gut-Wirtschaft kann zwar der Output wahlweise konsumtiv oder investiv verwendet werden, doch bedeutet es eine Annäherung an die Realität, davon auszugehen, daß einmal dem Kapitalstock zugeführter Output nicht mehr direkt in Konsum umgewandelt werden kann. Die Annahme, die Investitionen seien irreversibel ((34a)), wird auch hier gemacht.

(34b) beschränkt den Bereich der möglichen Konsumprogramme auf die Menge derjenigen Zeitpfade des Pro-Kopf-Konsums, die in keinem Zeitpunkt $t \geqq 0$ den als Existenzminimum interpretierbaren Mindestkonsum $\bar{c}$ unterschreiten. Statt (34b) soll die flexiblere Annahme gelten

(35) $$\lim_{c \to 0} U'(c) = \infty .$$

(35) stellt sicher, daß der Pro-Kopf-Konsum entlang eines optimalen Wachstumspfades immer positiv ist[58].

(2) Bevor versucht wird, eine optimale Lösung zu identifizieren, muß geprüft werden, ob a) die Aufgabe sinnvoll gestellt ist und ob b) ein Optimum überhaupt existiert.

a) Wenn das Welfare-Integral (31) alternativen möglichen Programmen unterschiedslos den Wert unendlich zuordnet, d. h. wenn das uneigentliche Integral divergiert, wäre es sinnlos, das Problem in der gegebenen Formulierung weiter zu untersuchen. Die unterstellte positive Zeitpräferenz verhindert aber ein derartiges Ergebnis; in Abschnitt 1.2.3. wurde die Konvergenz des Wohlstands-Funktionals (31) für einen positiven Diskontsatz r bewiesen.

b) Die Klärung der Existenzfrage gehört logisch vor die Charakterisierung des optimalen Programms mittels notwendiger und hinreichender Bedingungen, da im Falle der Nichtexistenz diese Bedingungen ein irreales Konstrukt beschreiben würden. Es läßt sich zeigen, daß ein Optimum des vorliegenden Problems tatsächlich existiert. Dies ist später in einfacherer Weise möglich als jetzt; die Frage wird daher zurückgestellt.

(3) Die Bestimmung derjenigen zeitlichen Entwicklung des Pro-Kopf-Konsums, die das Welfare-Funktional (31) maximiert, ist ein Problem optimaler Steuerung,

---

58 Vgl. *Koopmans*, T. C., Intertemporal Distribution and "Optimal" Aggregate Economic Growth, S. 101.

zu dessen Lösung sich die Methoden der Variationsrechnung anbieten[59]. Hier soll eine moderne Variante der Variationsrechnung benutzt werden, die auf dem von Pontrjagin entwickelten Maximum-Prinzip basiert[60]. Dessen Ausgangspunkt ist die sog. Hamilton-Gleichung

$$H = e^{-rt}U(c) + e^{-rt}p\dot{k} = e^{-rt}[U(c) + p\dot{k}]. \tag{36}$$

In $e^{-rt}U(c)$ und $\dot{k}$ erkennt man den Integranden des Welfare-Funktionals (31) und die Bewegungsgleichung (33), während $p = p(t)$ eine stetige zeitabhängige Hilfsfunktion darstellt.

Sofern ein Optimum existiert, muß es - wie Pontrjagin gezeigt hat - notwendigerweise Lösung des folgenden Gleichungssystems sein:

$$\frac{dk}{dt} = \frac{\partial H}{\partial(e^{-rt}p)} \tag{37}$$

$$\frac{d(e^{-rt}p)}{dt} = -\frac{\partial H}{\partial k} \tag{38}$$

$$H(p, k) = \max_c H(p, k, c) \qquad \text{für alle } t \geqq 0. \tag{39}$$

Die Gleichungen (36), (37), (38) und (39) lassen sich ökonomisch deuten. Der Klammerausdruck der rechten Seite von (36) besteht aus der Summe des Konsumnutzens im Zeitpunkt t und dem Produkt der Hilfsvariablen p mit dem Zuwachs des Pro-Kopf-Kapitals $\dot{k}$ im gleichen Zeitpunkt. Es ist daher naheliegend, p als „Schattenpreis" (gemessen in denselben Einheiten wie der Momentannutzen) des zusätzlichen Pro-Kopf-Kapitals anzusehen und folglich die Summe in der Klammer als Gesamtwert von konsumtiv und investiv verwendetem Output des Zeitpunkts t zu interpretieren. H stellt dann den auf den Planungszeitpunkt $t = 0$ diskontierten Outputwert dar.

Gemäß dem Maximum-Prinzip muß der optimale Konsumpfad die Hamilton-Funktion in jedem Augenblick maximieren (vgl. (39)). Wenn H in bezug auf die

---

59 Vgl. dazu z. B. *Elsgolc*, L. E., Variationsrechnung, Mannheim/Wien/Zürich 1970; *Grüss*, G., Variationsrechnung, 2. Auf., Heidelberg 1955; *Clegg*, J. C., Calculus of Variations, Edinburgh/New York 1968.

60 *Pontrjagin*, L. S. u. a., Mathematische Theorie optimaler Prozesse, München/Wien 1967; eine mathematisch strenge Einführung liefern *Kemp*, M. C. und *Hadley*, G. Variational Methods in Economics; mehr heuristische Darstellungen bieten *Arrow*, K. J., Application of Control Theory to Economic Growth; *Arrow*, K. J. und *Kurz*, M., Public Investment, The Rate of Return, and Optimal Fiscal Policy, Ch. II; *Dorfman*, R., An Economic Interpretation of Optimal Control Theory, American Economic Review, Vol. 59 (1969), S. 817 ff.; *Frey*, B. S., Eine einfache Einführung zu Pontrjagins Maximum-Prinzip im Wirtschaftswachstum, Weltwirtschaftliches Archiv, Bd. 103 (1969 II), S. 213 ff.; *Britsch*, K. und *Schips*, B., Eine einfache Einführung zu Pontrjagins Maximum-Prinzip im Wirtschaftswachstum, Weltwirtschaftliches Archiv, Bd. 105 (1971), S. 179 ff.

Höhe des Pro-Kopf-Konsums ein inneres Maximum besitzt[61], kann dieses ermittelt werden, indem man H partiell nach c differenziert und das Ergebnis gleich null setzt:

$$(40) \qquad \frac{\partial H}{\partial c} = e^{-rt}[U'(c) + p\frac{\partial \dot{k}}{\partial c}] = e^{-rt}[U'(c) - p] = 0$$

$$U'(c) = p.$$

Die Hamilton-Funktion H erreicht mithin ihr Maximum, wenn der Wert einer zusätzlichen Konsumeinheit gleich dem Wert einer zusätzlichen Kapitaleinheit ist, d. h. wenn der soziale Grenznutzen des Outputs in allen Verwendungen gleich groß ist.

Nach (38) hat für p zu gelten

$$(41) \qquad e^{-rt}\dot{p} - re^{-rt}p = -e^{-rt}p[f' - n]$$

$$\dot{p} = -p[f' - n - r].$$

Schreibt man (41) in der Form

$$(42) \qquad f'(k) + \frac{\dot{p}}{p} - n - r = 0,$$

so zeigt sich, daß (38) den Charakter einer Gleichgewichtsbedingung hat[62]. Die tatsächliche Höhe des in jedem Zeitpunkt vorhandenen Pro-Kopf-Kapitals entspricht nur dann auch der optimalen, wenn entlang des Akkumulationspfades die Grenzproduktivität des Kapitals $(f'(k))$ und die Kapitalgewinne aus Preisänderungen $(\dot{p}/p)$ gerade ausreichen, um die sozialen Opportunitätskosten einer zusätzlich investierten Sozialprodukteinheit in Höhe der gesellschaftlichen Rate der Zeitpräferenz (r) und der Nutzenverwässerung infolge des Bevölkerungswachstums (n) zu kompensieren.

---

61 Wegen (35) sind untere Randlösungen ausgeschlossen, obere hingegen könnten aufgrund der Irreversibilitätsannahme (34a) auftreten. Um die Diskussion in diesem Abschnitt möglichst einfach zu halten, wird jedoch davon ausgegangen, daß die Restriktion $c(t) \leq f(k(t))$ nicht effektiv ist. Randlösungen werden in Abschnitt 1.3.2. für den Fall einer linearen Nutzenfunktion $(\sigma(c) = 0)$ erörtert. Zur Diskussion von Randlösungen infolge der Irreversibilitätsannahme bei nichtlinearen Nutzenfunktionen $(\sigma(c) > 0)$ vgl. *Arrow*, K. J. und *Kurz*, M., Optimal Growth with Irreversible Investment in a Ramsey Model, Econometrica, Vol. 38 (1970), S. 331 ff.; dieselben, Public Investment, The Rate of Return, and Optimal Fiscal Policy, S. 81 ff.; *Arrow*, K. H., Application of Control Theory to Economic Growth, S. 106 ff.; derselbe, Optimal Capital Policy with Irreversible Investment, in: Wolfe, J. N. (ed.), Value, Capital, and Growth, Edinburgh 1968, S. 1 ff.

62 Vgl. *Ryder*, H. E., Optimal Accumulation and Trade in an Open Economy of Moderate Size, S. 92; *Shell*, K., Application of Pontriagin's Maximum Principle to Economics, in: Kuhn, H. W. und Szegö, G. P. (eds.), Mathematical Systems, Theory and Economics I, Berlin/Heidelberg/New York 1969, S. 246; *Arrow*, K. J. und *Kurz*, M., Public Investment, The Rate of Return, and Optimal Fiscal Policy, S. 40.

Bedingung (37) schließlich führt zur Wiedergewinnung von (33):

$$(43) \qquad \frac{\partial H}{\partial (e^{-rt}p)} = f(k) - nk - c = \dot{k}.$$

Dadurch wird gewährleistet, daß das als optimal ermittelte Programm im Rahmen der technischen Gegebenheiten auch tatsächlich vollziehbar ist.

(4) Pontrjagins notwendige Bedingungen konstituieren das Differentialgleichungssystem

$$(44) \qquad \dot{k} = f(k) - nk - c(p) \qquad k(0) = k_0 > 0$$

$$(45) \qquad \dot{p} = -[f'(k) - n - r]p,$$

dessen Lösungen die optimalen Zeitpfade des Pro-Kopf-Kapitals $^*k(t)$ und des Schattenpreises $^*p(t)$ enthalten. $c(p)$ gewinnt man durch Inversion der Relation (40):

$$(46) \qquad c = U'^{-1}(p).$$

Ist $^*p(t)$ bekannt, so liefert (46) die optimale Entwicklung des Pro-Kopf-Konsums $^*c(t)$.

Das System (44)/(45) besteht aus zwei Differentialgleichungen erster Ordnung. Zur Ermittlung einer Lösung sind daher zwei Randbedingungen erforderlich. Davon wird eine durch die historisch überkommene Anfangskapitalintensität $k(0) = k_0$ bereitgestellt. Die zweite gewinnt man bei endlichem Zeithorizont aus dem vorzugebenden Mindestendbestand an Kapital pro Kopf der Bevölkerung, k_T. Aus der Forderung, daß die Kapitalintensität im Zeitpunkt T den Mindestendbestand an Pro-Kopf-Kapital nicht unterschreiten darf, $k(T) \geqq k_T$, resultiert die sog. Transversalitätsbedingung

$$(47) \qquad p(T)e^{-rT}[k(T) - k_T] = 0 \qquad p(T)e^{-rT} \geqq 0 \qquad T < \infty,$$

deren Erfüllung zusätzlich zu den Bedingungen (37) bis (39) für ein Optimum notwendig ist[63]. Diese Bedingung bewirkt, daß kein Überschußkapital angehäuft wird, wenn der Schattenpreis der Investition p im Zeitpunkt T positiv ist, d. h. wenn Opportunitätskosten in Form entgangenen, nutzenstiftenden Konsums anfallen.

Für den Fall des unendlichen Planungshorizonts galt bis vor kurzem die Transversalitätsbedingung

$$(48) \qquad \lim_{t \to \infty} e^{-rt}p(t)k(t) = 0 \qquad \lim_{t \to \infty} k(t) \geqq 0$$

---

63 Vgl. *Kemp*, M. C. und *Hadley*, G., Variational Methods in Economics, S. 131 ff.; *Arrow*, K. J., Application of Control Theory to Economic Growth, S. 88; *Shell*, K., Application of Pontriagin's Maximum Principle to Economics, S. 247.

als notwendig für ein Optimum. Sie wurde durch einfache Extrapolation der bei endlichem Planungshorizont zutreffenden Überlegungen gewonnen. (48) liefert bei unendlichem Planungshorizont die zweite Randbedingung zur Lösung des Systems (44)/(45)[64]. Shell hat jedoch bewiesen, daß es Optimallösungen gibt, die diese Bedingung nicht erfüllen[65]. Folglich kann (48) nicht als notwendige Bedingung anerkannt werden. Damit ist sie aber auch nicht in der Lage, die zweite erforderliche Randbedingung zur Lösung des Differentialgleichungssystems zu stellen. Mit Hilfe eines Eliminationsverfahrens ist dessen Lösung gleichwohl möglich[66].

Zwar ist (48) nicht notwendig für ein Optimum, zusammen mit (37), (38) und (39) aber hinreichend. Die Ableitung der notwendigen Bedingungen (37) bis (39) erfordert langwierige Erörterungen; es wird hierfür auf die oben angeführte Literatur verwiesen. Die Suffizienz der Bedingungen (37), (38), (39) und (48) ist hingegen leicht zu demonstrieren. Der Beweis, der von Mangasarian für einen allgemeineren Fall erbracht wurde[67], soll kurz skizziert werden.

Es sei $\{k^*(t), c^*(t), p^*(t)\}$ ein Programm, das die Bedingungen (37), (38), (39) und (48) erfüllt. $\{k(t), c(t), p(t)\}$ sei irgendein anderes mögliches Programm. Wenn $\{k^*(t), c^*(t), p^*(t)\}$ die optimale Lösung darstellt, muß für jedes beliebige Programm $\{k(t), c(t), p(t)\}$ gelten

(49) $$\int_0^\infty e^{-rt}U(c)\,dt \leq \int_0^\infty e^{-rt}U(c^*)\,dt \qquad \text{oder}$$

$$\int_0^\infty e^{-rt}[U(c) - U(c^*)]\,dt \leq 0.$$

Beweis, daß $\{k^*(t), c^*(t), p^*(t)\}$ optimal ist:

$$\int_0^\infty e^{-rt}[U(c) - U(c^*)]\,dt \leq \int_0^\infty e^{-rt}U'(c^*)[c - c^*]\,dt$$ [68,69]

$$= \int_0^\infty q^*[f(k) - nk - \dot{k} - f(k^*) + nk^* + \dot{k}^*]\,dt$$

$$= \int_0^\infty q^*[f(k) - nk - f(k^*) + nk^*]\,dt$$

$$- \int_0^\infty q^*[\dot{k} - \dot{k}^*]\,dt$$

---

64 Z. B. bei *Cass*, D., Optimum Growth in an Aggregate Model of Capital Accumulation.

65 *Shell*, K., Application of Pontriagin's Maximum Principle to Economics, S. 273 ff.; vgl. auch *Arrow*, K. J. und *Kurz*, M., Public Investment, The Rate of Return, and Optimal Fiscal Policy, S. 46.

66 Vgl. dazu Abschnitt 1.3.1.(8).

67 *Mangasarian*, O. L., Sufficient Conditions for Optimal Control of Nonlinear Systems, Journal of the Society for Industrial and Applied Mathematics, Vol. 4 (1966), S. 139 ff.

68 Weil $U(c)$ eine konkave Funktion von c ist. Vgl. dazu *Lancaster*, K., Mathematical Economics, London 1971, S. 333.

69 Für $e^{-rt}U'(c^*)$ wird im folgenden q^* geschrieben.

$c = f(k) - nk - \dot{k}$, $c^* = f(k^*) - nk^* - \dot{k}^*$

$$= \int_0^\infty q^*[f(k) - nk - f(k^*) + nk^*]dt$$

$$- [k - k^*]q^*\Big|_0^\infty + \int_0^\infty \dot{q}^*[k - k^*]dt$$

$$= \int_0^\infty \{[q^*f(k) - q^*nk + \dot{q}^*k]$$

$$- [q^*f(k^*) - q^*nk^* + \dot{q}^*k^*]\} dt^{70}$$

$$= \int_0^\infty [q^*f(k) - q^*nk - q^*f'(k^*)k + nq^*k - q^*f(k^*)$$

$$+ q^*nk^* + q^*f'(k^*)k^* - nq^*k^*]dt^{71}$$

$$= \int_0^\infty q^*\{[f(k) - f(k^*)] - [f'(k^*)k - f'(k^*)k^*]\} dt$$

Da $f(k)$ eine konkave Funktion von k ist, gilt

$$f(k) - f(k^*) \leq f'(k^*)[k - k^*],$$

die Behauptung ist daher bewiesen.

(5) Das Differentialgleichungssystem (44)/(45), dem der optimale Wachstumspfad genügen muß, kann in ein äquivalentes System zweier Differentialgleichungen transformiert werden, dessen Lösung statt einer Beschreibung der zeitlichen Entwicklung des Schattenpreises der Investition $p(t)$ unmittelbar den Zeitpfad des Pro-Kopf-Konsums $c(t)$ wiedergibt. Zur Transformation differenziert man (40) logarithmisch nach t. Man erhält

$$\text{(59)} \qquad \frac{\dot{p}}{p} = \frac{U''(c)}{U'(c)}\dot{c} = -\sigma(c)\frac{\dot{c}}{c},$$

wobei $\sigma(c) > 0$ die Elastizität des Grenznutzens symbolisiert. Aus (45) und (50) ergibt sich

$$\text{(51)} \qquad \dot{c} = \frac{1}{\sigma(c)}[f'(k) - n - r]c.$$

Das transformierte Differentialgleichungssystem wird aus den Gleichungen (44) und (51) gebildet. Seine Lösungen liefern die optimalen Entwicklungspfade des Pro-Kopf-Kapitals $^*k(t)$ und des Pro-Kopf-Konsums $^*c(t)$. Den zugehörigen Optimalpfad des Schattenpreises $^*p(t)$ erhält man aus der Bedingung (40).

---

70 Wegen (48) und weil $k(0) = k^*(0)$.

71 Aus (38) und (39) folgt: $\frac{\dot{q}^*}{q^*} = -r + \frac{\dot{p}^*}{p^*} = -f'(k^*) + n,$

$\dot{q}^* = -q^*f'(k^*) + nq^*.$

In der Regel sind explizite Lösungen der Differentialgleichungssysteme (44)/(45) bzw. (44)/(51) nicht möglich, ohne die Nutzen- und Produktionsfunktionen sowie die Höhe der Bevölkerungswachstumsrate n und des Diskontsatzes r zu spezifizieren; doch lassen sich qualitative Aussagen machen.

Die Diskussion soll nur für das dynamische System (44)/(51) durchgeführt werden, sie verläuft für das System (44)/(45) analog. Um den Gang der Untersuchung einsichtig zu machen, sei das Ergebnis vorweggenommen:

Für jede Anfangskapitalintensität $k(0)$ existiert ein Anfangs-Pro-Kopf-Konsum $c(0)$ derart, daß der Entwicklungspfad $\{{}^*k(t), {}^*c(t)\}$, der mit diesen Werten beginnt und die Pontrjagin-Bedingungen (37) bis (39) befriedigt, sich asymptotisch dem quasi-stationären Gleichgewicht $({}^*k, {}^*c)$ nähert. Dieser Pfad ist eindeutig und beschreibt die optimale Wachstumsstrategie.

(6) Zunächst wird gezeigt, daß das System (44)/(51) ein eindeutiges Gleichgewicht besitzt. Unter einem Gleichgewicht ist der quasi-stationäre Zustand $\dot{k} = 0$, $\dot{c} = 0$, zu verstehen[72], Pro-Kopf-Kapital und Pro-Kopf-Konsum bleiben unverändert. Gleichgewichtswerte des Pro-Kopf-Kapitals und des Pro-Kopf-Konsums müssen daher Lösungen des algebraischen Gleichungssystems

$$(52) \qquad \dot{k} = f(k) - nk - c = 0$$

$$(53) \qquad \dot{c} = \frac{1}{\sigma(c)}[f'(k) - n - r]c = 0$$

sein. Aufgrund der Eigenschaften der Pro-Kopf-Produktionsfunktion $f(k)$ ist die Lösung $({}^*k, {}^*c)$ eindeutig. Der Gleichgewichtswert des Pro-Kopf-Kapitals ${}^*k$ wird durch

$$(54) \qquad f'({}^*k) = n + r$$

und der gleichgewichtige Pro-Kopf-Konsum ${}^*c$ durch

$$(55) \qquad {}^*c = f({}^*k) - n{}^*k$$

determiniert.

Die Zeitpfade des Pro-Kopf-Kapitals und des Pro-Kopf-Konsums $k(t) = {}^*k$ und $c(t) = {}^*c$ erfüllen die Bedingungen (37) bis (39) mit Ausnahme der Anfangsbedingung $k(0) = k_0$. Fiele aber der Anfangsbestand an Pro-Kopf-Kapital $k(0)$ mit dem Gleichgewichtswert ${}^*k$ zusammen, so würde die optimale Strategie es erfordern, stets den Wachstumspfad $k(t) = {}^*k$ und $c(t) = {}^*c$ zu realisieren. Die Wirtschaft entwickelte sich dann ständig entlang eines quasi-stationären Gleichgewichtspfades,

---

72 Vgl. *Pontryagin*, L. S., Ordinary Differential Equations, London/Paris 1962, S. 106.

auf dem der Pro-Kopf-Kapitalbestand und der Pro-Kopf-Konsum konstant blieben, während der Gesamtkonsum C, der Kapitalstock K und das Sozialprodukt Y mit derselben Rate wüchsen wie die Bevölkerung L.

Der gleichgewichtige Entwicklungspfad $\{{}^*k, {}^*c\}$ hat die bemerkenswerte Eigenschaft, daß er bei gegebener Produktionsfunktion und gegebener Wachstumsrate der Bevölkerung nur von der Höhe der sozialen Diskontrate abhängt, nicht jedoch von der Nutzenfunktion. Das ist unmittelbar aus den Gleichungen (54) und (56) zu ersehen.

Auch der Wachstumspfad der Goldenen Regel ist von der Form der Nutzenfunktion unabhängig. Die gleichgewichtige optimale Kapitalintensität $\hat{k}$ ergibt sich bei ihm aus

(56) $$f'(\hat{k}) = n.$$

Ihr entspricht der optimale Gleichgewichtskonsum

(57) $$\hat{c} = f(\hat{k}) - n\hat{k}.$$

Da die Pro-Kopf-Produktionsfunktion $f(k)$ konkav ist, folgt aus (54) und (55) sowie aus (56) und (57)

(58) $$\hat{k}, \hat{c} > {}^*k, {}^*c,$$

d. h. die Werte des Pro-Kopf-Kapitals und des Pro-Kopf-Konsums auf dem konsumniveaumaximalen Gleichgewichtspfad sind höher als auf dem gleichgewichtigen Wachstumspfad mit dem Maximum des „Gegenwartswerts der Nutzensumme". Dies ist auf die Berücksichtigung eines positiven Diskontsatzes ($r>0$) zurückzuführen. Wegen (54) gilt

(59) $$\lim_{r \to 0} {}^*k = \hat{k}.$$

Die Goldene Regel erweist sich demnach als Spezialfall von (54) für $r = 0$[73]. (54) wird daher zuweilen als modifizierte Goldene Regel oder als „Goldene Nutzenregel" bezeichnet[74].

(7) Die Lösungen des Differentialgleichungssystems (44)/(51) für beliebige Anfangsbedingungen (k_0, c_0) erzeugen Pfade $\{k(t), c(t)\}$, deren Verlauf man in Abb.

---

[73] Vgl. *Frey*, B. S., Eine einfache Einführung zu Pontryagins Maximum-Prinzip im Wirtschaftswachstum, S. 213.

[74] Vgl. *Shell*, K., Optimal Programs of Capital Accumulation for an Economy in which there is Exogeneous Technical Change, S. 6.; *Inagaki*, M., Optimal Economic Growth, S. 126.

4 verfolgen kann. Die Bewegungsrichtung des Systems in jedem Punkt des positiven Quadranten k/c läßt sich unmittelbar angeben, wenn man die Graphen der Gleichungen

$$\dot{k} = f(k) - nk - c = 0 \tag{60}$$

$$\dot{c} = \frac{1}{\sigma(c)} [f'(k) - n - r]c = 0 \tag{61}$$

einzeichnet. In Abb. 3(2) zeigt die $\dot{k}=0$ benannte Kurve alle Kombinationen des Pro-Kopf-Kapitals k und des Pro-Kopf-Konsums c, die die Gleichung (60) befriedigen. Diese Kurve läßt sich in einfacher Weise als Differenz der Graphen $f(k)$ und nk der Abb. 3(1) gewinnen. Unterhalb der Kurve $\dot{k}=0$ ist $\dot{k}>0$, da in diesem Fall nicht der gesamte nach Abzug der Kosten des Bevölkerungswachstums nk verfügbare Output für Konsumzwecke in Anspruch genommen wird, so daß sich die Kapitalintensität erhöht. Oberhalb von $\dot{k}=0$ ist $\dot{k}<0$, da der Konsum den verfügbaren Output übersteigt und daher das vorhandene Pro-Kopf-Kapital nicht aufrechterhalten werden kann.

(61) ist erfüllt, wenn die Grenzproduktivität des Kapitals $f'(k)$ mit der Summe aus der Bevölkerungswachstumsrate n und dem Diskontsatz r übereinstimmt: $f'(k) = n + r$. Abb. 3(1) zeigt, daß dies bei beliebiger Höhe des Pro-Kopf-Konsums für die Kapitalintensität $k = {}^*k$ eintritt. Der Pro-Kopf-Konsum bleibt daher entlang der in Abb. 3(2) mit $\dot{c}=0$ bezeichneten Senkrechten unverändert. Wie man (62) entnimmt, wächst für $k<{}^*k$, also links der Senkrechten $\dot{c}=0$ der Pro-Kopf-Konsum ($\dot{c}>0$), da dort $f'(k)>n+r$, während für $k>{}^*k$, d. h. rechts von $\dot{c}=0$, der Pro-Kopf-Konsum sinkt ($\dot{c}<0$), weil dann $f'(k)<n+r$.

Die beiden Graphen $\dot{k}=0$ und $\dot{c}=0$ teilen den positiven Quadranten der Abb. 3(2) in vier Sektoren, in denen der Pro-Kopf-Konsum $c(t)$ und das Pro-Kopf-Kapital $k(t)$ in bestimmter Richtung variieren (vgl. die Pfeile in Abb. 3(2)). Der Schnittpunkt der beiden Graphen legt den Gleichgewichtspunkt $({}^*k, {}^*c)$ fest, in dem sowohl das Pro-Kopf-Kapital als auch der Pro-Kopf-Konsum konstant bleiben. In der folgenden Tabelle sind die Bewegungsrichtungen der Entwicklungspfade (Trajektorien) $\{k(t), c(t)\}$ erfaßt, die sich als Lösung des Differentialgleichungssystems (44)/(51) bei beliebiger Anfangskapitalintensität $k(0)$ und beliebigem Anfangskonsum $c(0)$ ergeben:

k \ c	$c<f(k)-nk$	$c=f(k)-nk$	$c>f(k)-nk$
$k<{}^*k$	$\dot{k}, \dot{c}>0$	$\dot{k}=0<\dot{c}$	$\dot{k}<0<\dot{c}$
$k={}^*k$	$\dot{k}>0=\dot{c}$	$\dot{k}=0=\dot{c}$	$\dot{k}<0=\dot{c}$
$k>{}^*k$	$\dot{k}>0>\dot{c}$	$\dot{k}=0>\dot{c}$	$\dot{k},\dot{c}<0$

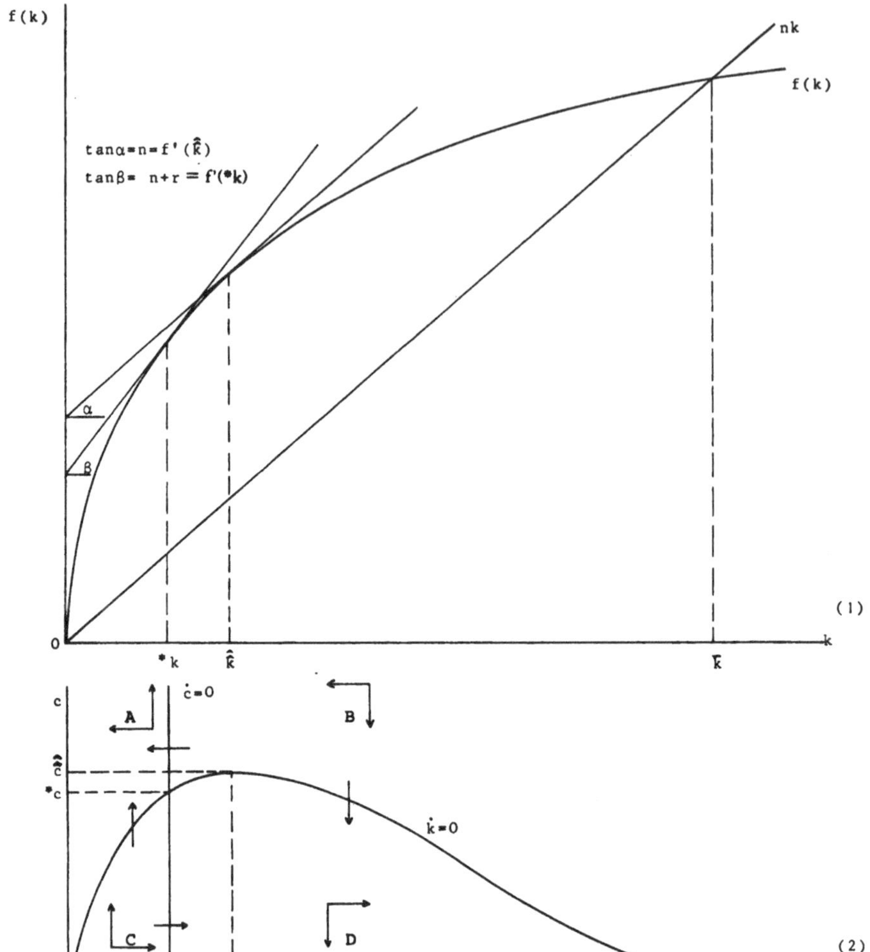

Abb. 3

Es soll nun versucht werden, den optimalen Pfad zu identifizieren. Dies geschieht auf dem Wege der Elimination[75]; es wird gezeigt, daß nur ein Pfad, der gegen den quasi-stationären Gleichgewichtspfad $\{*k, *c\}$ konvergiert, optimal sein kann. Alle Pfade, die diese Eigenschaft nicht besitzen, werden entweder von einem zulässigen Vergleichspfad mit höherem Wohlstandsindex dominiert oder verletzen nach endlicher Zeit die Irreversibilitätsbedingung (34a) und sind somit unzulässig.

[75] Vgl. dazu *Arrow*, K. J. und *Kurz*, M., Public Investment, The Rate of Return, and Optimal Fiscal Policy, S. 66; *Mirrlees*, J. A., Optimum Growth When Technology is Changing, S. 99 ff.

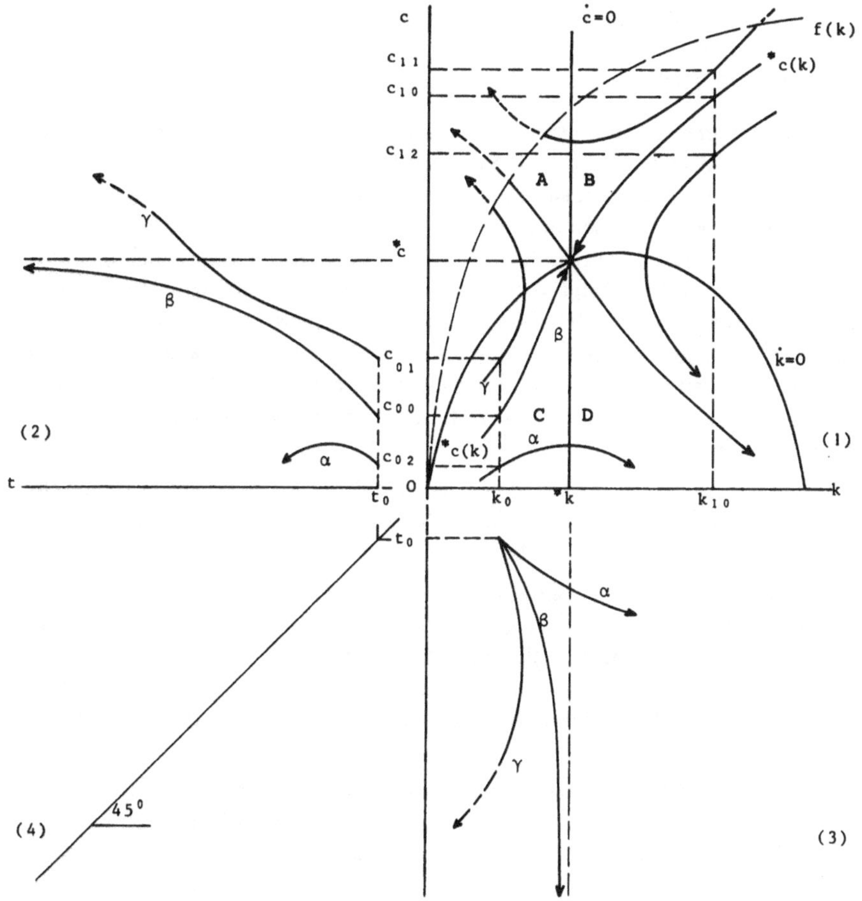

Abb. 4

Trajektorien in den Sektoren *A* und *D* der Abb. 4(1) können ihren Sektor niemals verlassen. Eine Trajektorie in Sektor *D*, in dem $\dot{k}>0$ und $\dot{c}<0$, kann sich zwar der Grenze zum Bereich B nähern, doch wenn sie die Grenzlinie erreicht, wird $\dot{k} = 0$, während $\dot{c}$ weiterhin negativ bleibt; der Pfad kehrt daher ins Innere von *D* zurück. In *D* wächst das Pro-Kopf-Kapital *k* ständig, der Pro-Kopf-Konsum *c* sinkt ständig; deshalb gibt es einen Zeitpunkt t_1 derart, daß der Pro-Kopf-Konsum $c(t)$ für die gesamte Zeit nach t_1 kleiner ist als der gleichgewichtige Pro-Kopf-Konsum $^*c$. Ein in *D* verlaufender Pfad kann demnach nicht optimal sein. Er würde von jedem anderen Pfad dominiert, der bis t_1 mit ihm zusammenfällt, dann aber eine Zeitlang einen stark erhöhten Konsum $[c(t)>f(k(t)) - nk(t)]$ aufweist bis das Pro-Kopf-Kapital von $k(t_1)$ auf das Gleichgewichtsniveau $^*k$ reduziert ist, und der anschließend dem quasi-stationären Gleichgewichtspfad $\{^*k,\ ^*c\}$ folgt. Dieser Vergleichspfad liefert für alle $t>t_1$ einen höheren Pro-Kopf-Konsum; er ist mithin superior.

In *A* nimmt der Pro-Kopf-Konsum $c(t)$ wegen $\dot{c}>0$ zu. Da $\dot{k}$ hier negativ ist, sinkt k und damit auch $f(k)$. Alle Pfade in *A* verletzen daher nach endlicher Zeit die Restriktion $c(t) \leqq f(k(t))$, sie sind deshalb unzulässig.

Jede Trajektorie in *C* bewegt sich nach rechts oben. Gemäß dem Eindeutigkeitssatz für Differentialgleichungen können sich Integralkurven mit unterschiedlichem Anfangspunkt nicht schneiden[76]. Es gibt nun in *C* zu beliebiger Höhe des Anfangskapitals k_0, $0 < k_0 < {}^*k$, einen bestimmten Wert des Anfangskonsums c_0 wie z. B. c_{01} (c_{02}), so daß eine durch den Punkt (k_0, c_{01}) $((k_0, c_{02}))$ verlaufende Trajektorie in den Sektor *A* (Sektor *D*) eindringt, d. h. entweder die Kurve $\dot{k}=0$ zwischen dem Koordinatenursprung und $({}^*k, {}^*c)$ oder die Senkrechte durch ${}^*k$ unterhalb von $({}^*k, {}^*c)$ schneidet[77]. Aufgrund des Kontinuitäts- und Differentiierbarkeitsatzes (Einbettungssatz)[78] existiert dann ein und nur ein Wert des Anfangskonsums c_{00}, so daß der durch (k_0, c_{00}) verlaufende Pfad sich dem Gleichgewichtspunkt $({}^*k, {}^*c)$ asymptotisch nähert.

Auf dieselbe Weise kann man zeigen, daß alle Pfade in *B* mit einer Ausnahme entweder nach *A* oder *D* eindringen. Der in *B* verbleibende Pfad (Pfad durch (k_{10}, c_{10}) in Abb. 4(1)) kann nur gegen $({}^*k, {}^*c)$ konvergieren.

Die Kurve ${}^*c(k)$, auf der die gegen das quasi-stationäre Gleichgewicht $({}^*k, {}^*c)$ strebenden Pfade in *B* und *C* liegen, muß die optimale Strategie repräsentieren, denn alle anderen Pfade gelangen schließlich in die Bereiche *A* oder *D* und können deshalb nicht optimal sein. Diese Kurve beschreibt die anzuwendende Strategie insofern, als sie jedem Wert der Kapitalintensität den optimalen Pro-Kopf-Konsum zuordnet.

(8) Die Kurve ${}^*c(k)$, die den optimalen Pro-Kopf-Konsum als Funktion des Pro-Kopf-Kapitals angibt, kann unter Berücksichtigung der obigen Ergebnisse auch unmittelbar abgeleitet werden. Da das Differentialgleichungssystem (44)/(51) autonom ist – die Gleichungen (44) und (51) enthalten die Variable *t* nicht explizit –, läßt es sich auf eine Differentialgleichung erster Ordnung zurückführen, indem man Gleichung (51) durch Gleichung (44) dividiert[79]:

$$(62) \qquad \frac{\dot{c}}{\dot{k}} = \frac{dc}{dk} = \frac{\frac{1}{\sigma(c)}[f'(k) - n - r]c}{f(k) - nk - c}.$$

[76] Vgl. *Pontryagin*, L. S., Ordinary Differential Equations, S. 159; *Coddington*, E. A., Ordinary Differential Equations, Englewood Cliffs, N. J., 1961, S. 200 ff.

[77] Jede Trajektorie verläuft im Schnittpunkt mit der Senkrechten durch *k (der Kurve $\dot{k}=0$) horizontal (vertikal), da dort $\dot{c} = 0$ $(\dot{k} = 0)$.

[78] Vgl. *Pontryagin*, L. S., Ordinary Differential Equations, S. 170; *Kemp*, M. C. und *Hadley*, G., Variational Methods in Economics, S. 371.

[79] Auf dem unteren (oberen) Ast der Integralkurve durch (*k, *c) ist $k(t)$ eine monoton steigende (fallende) Funktion von t. $k(t)$ hat daher eine Inverse $t(k)$. Da $\dot{k} \neq 0$, ist $t'(k) = 1/\dot{k}$. Es gilt $c(k) = c(t(k)) = c(t)$ und $dc/dk = (dc/dt)\,(dt/dk) = \dot{c}/\dot{k}$; vgl. *Duschek*, A., Vorlesungen über höhere Mathematik, 1. Bd., 4. Aufl., Wien/New York 1965, S. 211 ff.

Zur Bestimmung einer partikularen Lösung der Differentialgleichung (62) benötigt man eine Anfangsbedingung. Diese ist aber bekannt, da die Erörterungen in Abschnitt 1.3.1.(7) gezeigt haben, daß die gesuchte Integralkurve $^*c(k)$ durch den Punkt $(^*k, {}^*c)$ laufen muß.

Allerdings ist $(^*k, {}^*c)$ ein singulärer Punkt[80]; es existieren zwei verschiedene Integralkurven durch $(^*k, {}^*c)$. Doch läßt sich die relevante Lösung ohne Schwierigkeiten isolieren. Dazu geht man von dem Umstand aus, daß $(^*k, {}^*c)$ die Stabilitätseigenschaften eines Sattelpunkts[81] besitzt. Das soll im folgenden demonstriert werden.

Der Verlauf der Integralkurven eines nichtlinearen Differentialgleichungssystems wie (44)/(51) entspricht in der Umgebung des Gleichgewichtspunkts im wesentlichen dem eines linearen Systems, das man durch die Entwicklung der nicht-linearen Gleichungen in einer Taylor-Reihe um den Gleichgewichtspunkt erhält[82]. Die Linearisierung von (44) und (51) liefert

(63) $$\dot{c} = \frac{^*cf''(^*k)}{\sigma(^*c)}[k - {}^*k]$$

(64) $$\dot{k} = -[c - {}^*c] + r[k - {}^*k].$$

Die Koeffizientenmatrix dieses linearen Systems besitzt die beiden Eigenwerte

(65) $$\lambda_{1,2} = \frac{1}{2}\left[r \pm \sqrt{r^2 - \frac{4\,^*cf''(^*k)}{\sigma(^*c)}}\right].$$

Da der Diskontsatz r und die Grenznutzenelastizität $\sigma(c)$ positive Werte haben, sind beide Eigenwerte reell, und sie weisen entgegengesetzte Vorzeichen auf. Das quasi-stationäre Gleichgewicht $(^*k, {}^*c)$ ist daher tatsächlich ein Sattelpunkt[83]. Das bedeutet:

a) Es existieren genau zwei Trajektorien, die sich mit t gegen unendlich dem Punkt $(^*k, {}^*c)$ asymptotisch nähern und in $(^*k, {}^*c)$ dieselbe Richtung haben, wie der zu dem negativen Eigenwert gehörende Eigenvektor. Diese beiden Trajektorien nennt man die stabilen Zweige des Sattelpunkts.

b) Es gibt genau zwei Trajektorien, die in $(^*k, {}^*c)$ dieselbe Richtung aufweisen, wie der mit dem positiven Eigenwert verbundene Eigenvektor und die mit wachsendem t sich immer mehr von $(^*k, {}^*c)$ entfernen. Sie sind die instabilen Äste des Sattelpunkts.

c) Ab einem genügend großen t entfernen sich auch alle anderen Trajektorien von $(^*k, {}^*c)$ mit Ausnahme der beiden stabilen Äste.

---

80 $\dot{c}(^*k)/\dot{k}(^*k) = 0/0$.

81 Vgl. dazu *Lasalle*, J. und *Lefschetz*, S., Die Stabilitätstheorie von Ljapunow, Mannheim 1967, S. 46; *Pontryagin*, L. S., Ordinary Differential Equations, a. a. O., S. 118.

82 Vgl. *Pontryagin*, L. S., Ordinary Differential Equations, S. 244.

83 Ebenda, S. 246 ff.

Diese Eigenschaften traten schon bei der Analyse des Phasendiagramms der Abb. 4(1) zutage. Da nur die stabilen (konvergenten) Äste des Sattelpunkts $({}^*k, {}^*c)$ als Lösung in Frage kommen, wird die optimale Wachstumsstrategie durch die Funktion ${}^*c(k)$ definiert, welche man als diejenige Lösung der Differentialgleichung (62) erhält, die der Anfangsbedingung $c({}^*k) = {}^*c$ genügt und die Nebenbedingung erfüllt, daß die Steigung von ${}^*c(k)$ in $({}^*k, {}^*c)$ der Richtung des zu $\lambda < 0$ gehörenden Eigenvektors entspricht. Die Funktion des optimalen Pro-Kopf-Konsums ${}^*c(k)$ existiert für jeden Wert der Kapitalintensität k und ist überall stetig. Jeder historisch vorgegebenen Kapitalintensität $k(0)$ ist daher ein eindeutiges optimales Niveau des Pro-Kopf-Konsums zugeordnet. Damit ist die früher angesprochene Existenzfrage in positivem Sinne beantwortet[84].

(9) Die bisherigen Untersuchungen haben ergeben, daß für jeden Anfangswert des Pro-Kopf-Kapitals $k(0)$ ein optimaler Entwicklungspfad existiert, der sich asymptotisch dem quasi-stationären Goldenen Nutzenpfad $\{{}^*k, {}^*c\}$ nähert, wobei die Kapitalintensität $k(t)$ und der Pro-Kopf-Konsum $c(t)$ in der Zeit entweder monoton fallen $(k(0) > {}^*k)$ oder monoton steigen $(k(0) < {}^*k)$.

Die optimale Investitionspolitik ließe sich genauer beschreiben, wenn man den optimalen Zeitpfad der Sparquote kennen würde. Doch sind ohne numerische Konkretisierung der Produktions- und Nutzenfunktion sowie des Diskontsatzes und der Wachstumsrate der Bevölkerung keine weitergehenden Erkenntnisse zu gewinnen[85]. Aus der Definition der Sparquote

$$s = 1 - \frac{c}{f(k)} \tag{66}$$

folgt mittels Differentiation nach der Zeit t

$$\dot{s} = \frac{1}{f(k)^2}\,[cf'(k)\dot{k} - \dot{c}f(k)]. \tag{67}$$

Da die beiden Terme in der Klammer auf dem optimalen Entwicklungspfad unterschiedliches Vorzeichen besitzen und über ihre relative Größe allgemeine Aussagen nicht möglich sind, ist die zeitliche Änderungsrichtung von s unbestimmt. Lediglich folgende Beziehungen sind allgemeingültig:

$$\lim_{t \to \infty} s(t) = \frac{n\,{}^*k}{f({}^*k)} = {}^*s \tag{68}$$

$$0 < {}^*s < \frac{n\hat{k}}{f(\hat{k})} = 1. \tag{69}$$

---

[84] Vgl. *Shell*, K., Application of Pontriagin's Maximum Principle to Economics, S. 297.

[85] Numerische Ergebnisse wurden u. a. von Mirrlees vorgelegt. Vgl. *Mirrlees*, J. A., Optimum Growth When Technology is Changing.

$\hat{k}$ ist durch die Beziehung (27) definiert. Da der optimale Wachstumspfad gegen den Gleichgewichtspfad mit der Kapitalintensität $^*k$ konvergiert, muß die Sparquote dem diesem Gleichgewichtspfad entsprechenden Wert $^*s$ zustreben. $^*s$ ist wegen $n>0$ größer als Null und wegen $\lim_{c \to 0} U'(c) = \infty$ kleiner als eins.

1.3.2. Die optimale Wachstumsstrategie bei unelastischem Grenznutzen

(1) In den vorangegangenen Abschnitten wurde mit einer sehr allgemeinen nichtlinearen sozialen Nutzenfunktion gearbeitet. Wegen der interessanten Unterschiede in den Ergebnissen soll das Optimierungsproblem auch für die lineare Nutzenfunktion

$$U(c(t)) = c(t) \tag{70}$$

erörtert werden. Die Aufgabe der Planer besteht jetzt darin, den Wachstumspfad zu ermitteln, der das Integral des diskontierten Pro-Kopf-Konsums

$$\int_0^\infty e^{-rt} c(t)\,dt \tag{71}$$

maximiert.

(2) In der Literatur findet sich die Auffassung[86], das Welfare-Funktional (75) sei dem Güterkriterium (31), $\int_0^\infty e^{-rt} U(c)\,dt$, überlegen, da es ohne soziale Nutzenfunktion auskomme und deshalb die mit ihr verknüpften Probleme umgehe. Dem liegt aber ein Mißverständnis zugrunde, das offenbar aus einer unzulässigen Übertragung von Überlegungen herrührt, die für das neoklassische Theorem zutreffen. Als dessen bemerkenswertester Aspekt wird vielfach der Umstand hervorgehoben, daß außer der kaum einschränkenden Unterstellung eines positiven Grenznutzens des Pro-Kopf-Konsums keine weiteren Informationen über die soziale Nutzenfunktion erforderlich sind[87]. Jedoch geht es bei der Ableitung des Goldenen Pfads um einen Vergleich von Gleichgewichtspfaden, die durch unterschiedliche konstante Niveaus des Pro-Kopf-Konsums charakterisiert sind, während hier Wachstumspfade verglichen werden, die bei historisch vorgegebener Kapitalintensität $k(0)$ realisierbar und gerade durch einen variierenden Pro-Kopf-Konsum gekennzeichnet sind. Die relative Güte dieser ungleichgewichtigen Pfade hängt aber entscheidend ab von der Elastizität des Grenznutzens $\sigma(c)$, sie kann daher ohne Nutzenfunktion nicht beurteilt werden. Mit dem Optimalitätskriterium (71) wird tatsächlich auch nicht auf die Einführung einer sozialen Nutzenfunktion verzichtet, sondern im Gegenteil eine sehr spezielle unterstellt: Die (71) zugrunde liegende Nutzenfunktion weist eine Grenznutzenelastizität von null auf $(\sigma(c) = 0)$.

---

[86] Vgl. *Schips*, B., Zur Theorie des optimalen Wachstums, S. 6 und S. 49.

[87] Vgl. *Weizsäcker*, C. Ch. v., Wachstum, Zins und optimale Investitionsquote, S. 74; *Vosgerau*, H. J., Über optimales Wachstum, S. 89.

(3) Bei der Lösung des vorliegenden Optimierungsproblems soll davon ausgegangen werden, die Investitionen seien irreversibel, d. h. es gilt $s(t) \geqq 0$. Zusätzlich wird angenommen, es existiere eine Mindesthöhe des Pro-Kopf-Konsums $\bar{c}$, die nicht unterschritten werden dürfe. $\bar{c}$ sei dem Pro-Kopf-Sozialprodukt proportional

(72) $$\bar{c} = [1 - b]\, f(k) \qquad 0 \leqq b < 1;$$

b bezeichnet also die maximal zuverlässige Höhe der Sparquote.

Die Sparquote $s(t)$ soll als Steuervariable fungieren. Es ist dann das Maximum des Funktionals

(73) $$\int_0^\infty e^{-rt} c(t)dt = \int_0^\infty e^{-rt} [1 - s(t)] f(k(t))dt$$

unter Berücksichtigung von

(74) $$\dot{k} = sf(k) - nk \qquad k(0) = k_0$$

(75) $$0 \leqq s(t) \leqq b$$

zu ermitteln.

Gemäß dem Maximum-Prinzip muß die optimale Lösung folgendes Gleichungssystem befriedigen:

(76) $$H = e^{-rt}[1 - s] f(k) + e^{-rt} p[sf(k) - nk]$$

(77) $$\frac{dk}{dt} = \frac{\partial H}{\partial (e^{-rt}p)}$$

$$\dot{k} = sf(k) - nk \qquad k(0) = k_0 > 0$$

(78) $$\frac{d(e^{-rt}p)}{dt} = -\frac{\partial H}{\partial k}$$

$$\dot{p} = [n + r]p - f'(k)[1 - s + ps]$$

(79) $$H(k, p) = \max_{s \in (0,b)} H(k, p, s) \qquad \text{für alle } t \geqq 0$$

$$= \max_{s \in (0,b)} e^{-rt} \{[1 - s + ps] f(k) - pnk\}$$

Aus (79) erhält man für die Höhe der Sparquote die Relation

(80) $$s \begin{Bmatrix} = b \\ \epsilon\ (0,b) \\ = 0 \end{Bmatrix}, \text{ wenn der Schattenpreis } p \begin{Bmatrix} > 1 \\ = 1 \\ < 1 \end{Bmatrix}.$$

Die Pontrjagin-Bedingungen (77) und (78) konstituieren ein dynamisches System von zwei Differentialgleichungen erster Ordnung, dessen Lösungen die optimalen Zeitpfade der Kapitalintensität $*k(t)$ und des Schattenpreises der Investition $*p(t)$ enthalten. Daraus gewinnt man mittels der Relation (80) den optimalen Zeitpfad der Sparquote $*s(t)$. Die folgende Analyse zeigt, daß ein eindeutiger Optimalpfad $\{*k(t), *p(t)\}$ existiert, der gegen das Gleichgewicht des Systems (77)/(78) konvergiert. Dieses Gleichgewicht ist dadurch gekennzeichnet, daß sowohl das Pro-Kopf-Kapital k als auch der Schattenpreis p im Zeitablauf konstant bleiben, d. h., im Gleichgewicht gilt $\dot{k} = 0, \dot{p} = 0$. Graphisch lassen sich die Wertekombinationen (k, p), für die das zutrifft, mithin durch den Schnittpunkt der Kurven

(81) $$\dot{k} = sf(k) - nk = 0$$

(82) $$\dot{p} = [n + r]p - f'(k)[1 - s + ps] = 0$$

bestimmen.

Der Verlauf dieser Kurven ist leicht zu ermitteln. Da - wie man (80) entnimmt - gilt

(83) $$s \begin{Bmatrix} =0 \\ \\ =b \end{Bmatrix} \quad \text{für } p \begin{Bmatrix} <1 \\ \\ >1 \end{Bmatrix}$$

verläuft der mit $\dot{p}=0$ bezeichnete Graph (vgl. Abb. 5) der Gleichung (82), also der Graph der Relation $p(k)_{\dot{p}=0}$, unterhalb der Linie p=1 gemäß

(84) $$p(k)_{\dot{p}=0} = \frac{f'(k)}{n + r}$$

(85) $$(\frac{dp}{dk})_{\dot{p}=0} = \frac{f''(k)}{n + r} < 0$$

und oberhalb der Horizontalen $p = 1$ entsprechend den Relationen

(86) $$p(k)_{\dot{p}=0} = \frac{[1 - b + pb]f'(k)}{n + r} = \frac{[1 - b]f'(k)}{n + r - bf'(k)}$$

(87) $$(\frac{dp}{dk})_{\dot{p}=0} = \frac{[n + r]\,[1 - b]f''(k)}{[n + r - bf'(k)]^2} < 0.$$

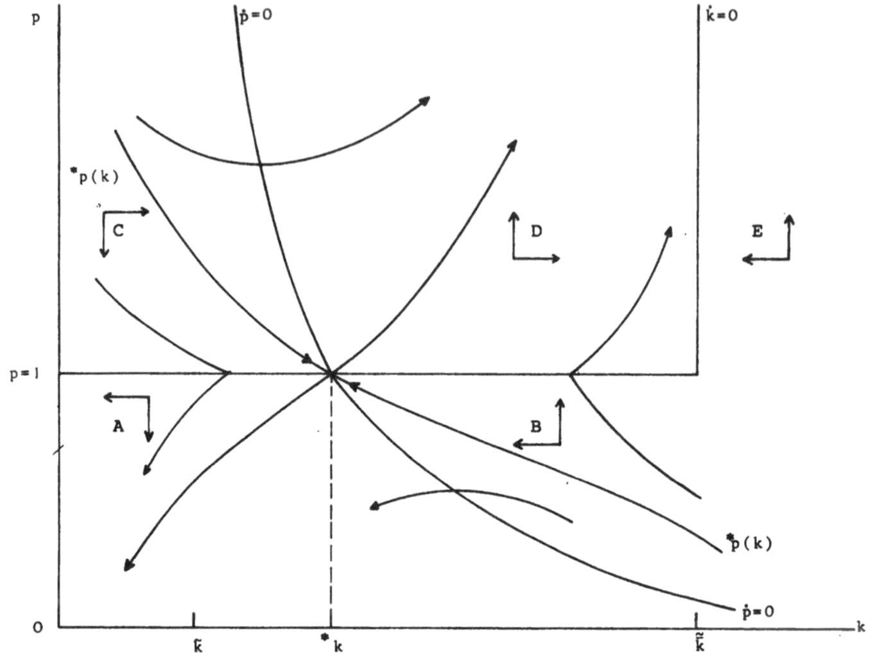

Abb. 5

Für $k > \tilde{k}$ nähert sich die Kurve $p(k)_{\dot{p}=0}$ mit sinkender Kapitalintensität der Senkrechten durch $\tilde{k}$; $\tilde{k}$ ergibt sich aus der Gleichung $n + r = bf'(\tilde{k})$. Da $b<1$ und $f'(k)$ mit sinkendem k zunimmt, ist $\tilde{k} < {}^*k$, wobei ${}^*k$ die Kapitalintensität des Goldenen Nutzenpfades darstellt, also durch die Relation $f'({}^*k) = n + r$ bestimmt ist. $\tilde{k}$ ist umso kleiner, je niedriger der Wert der maximalen Sparquote b ist. Links der Kurve $\dot{p}=0$ nimmt der Schattenpreis p ab ($\dot{p}<0$), rechts davon steigt p hingegen an ($\dot{p}>0$).

Im Bereich $p<1$ besitzt der Zeitpfad der Kapitalintensität $k(t)$ keine stationären Werte (vgl. (77) und (80)). Für

$$(88) \qquad p \begin{Bmatrix} >1 \\ =1 \end{Bmatrix} \text{ ist } \dot{k} = 0, \text{ wenn } \begin{Bmatrix} k = \tilde{\tilde{k}} \\ s = \dfrac{nk}{f(k)} \text{ für } k < \tilde{\tilde{k}} \end{Bmatrix}.$$

$\tilde{\tilde{k}}$ ergibt sich aus $b = n\tilde{\tilde{k}}/f(\tilde{\tilde{k}})$. $\tilde{\tilde{k}} \gtreqless {}^*k$, falls $b > n{}^*k/f({}^*k)$. Der $\dot{k}=0$ benannte Graph der Gleichung (81) fällt für $k<\tilde{\tilde{k}}$ mit der Horizontalen $p=1$ zusammen, während er für $p>1$ der Vertikalen über $\tilde{\tilde{k}}$ entspricht. Links der Senkrechten $\dot{k}=0$ und oberhalb der Geraden $p=1$ wächst die Kapitalintensität ($\dot{k}>0$), rechts der Vertikalen $\dot{k}=0$ und unterhalb der Horizontalen $p=1$ sinkt k ($\dot{k}<0$).

Die Graphen $\dot{k}=0$ und $\dot{p}=0$ müssen sich im Punkt $(*k, 1)$ schneiden. Denn da für $*k$ gilt $f'(*k) = n + r$, folgt aus (84) $p(*k)_{\dot{p}=0} = 1$. Für $p = 1$ ist zwar gemäß (80) die Sparquote unbestimmt $(s\epsilon(0, b))$. Setzt man aber $s = n*k/f(*k) = *s \leqq b$, so erhält man $\dot{p} = 0$, $\dot{k} = 0$. $(*k, 1)$ ist demnach der eindeutige Gleichgewichtspunkt des Systems (77)/(78).

Die Beweisführung, daß für jede Kapitalintensität $k(0)$ ein eindeutiger Wachstumspfad existiert, der gegen den Gleichgewichtspfad $(*k, 1)$ konvergiert, und dieser Pfad die optimale Wachstumsstrategie repräsentiert, ist der in Abschnitt 1.3.1.(7) analog. Die Graphen $\dot{p}=0$ und $\dot{k}=0$ teilen das Phasendiagramm der Abb. 5 in 5 Bereiche, in denen der Schattenpreis p und die Kapitalintensität k jeweils in der durch Pfeile angedeuteten Richtung variieren. Trajektorien in *A*, *D* und *E* können ihren Sektor nicht verlassen. In *A* ist $p<1$, $\dot{k}$ daher stets negativ (vgl. (77) und (80)); Pfade in *A* sind unzulässig, da sie den Kapitalbestand auf null reduzieren. In *D* und *E* ist $p>1$, der Konsum übersteigt deshalb niemals seine Mindesthöhe $\bar{c}$ (vgl. (80) und (72)); Pfade in *D* und *E* sind inferior, da sie von solchen in *B* und *C* dominiert werden. Trajektorien, die durch Punkte in *B* (*C*) laufen, dringen entweder in die Sektoren *A*, *D*, *E* (*A*, *D*) ein und sind somit nicht optimal, oder sie bleiben in *B* (*C*); dann müssen sie aber gegen den Gleichgewichtspfad $\{*k, 1\}$ streben. Aufgrund des Eindeutigkeits- und Differentiierbarkeitsatzes für Differentialgleichungen existiert in *B* und *C* jeweils nur ein Pfad, der diese Bedingung erfüllt. Die Eindeutigkeit der Optimalstrategie $*p(k)$ ergibt sich auch daraus, daß das Gleichgewicht $(*k, 1)$ die Stabilitätseigenschaften eines Sattelpunkts hat (vgl. dazu Abschnitt 1.3.1.(8)).

Aus dem Verlauf der Kurve $*p(k)$ und der Bedingung (80) lassen sich folgende Eigenschaften der optimalen Wachstumsstrategie deduzieren:

a) Ist die Anfangskapitalintensität $k(0)$ kleiner (größer) als ihr Gleichgewichtswert $*k$, so konvergiert der optimale Entwicklungspfad des Pro-Kopf-Kapitals $k(t)$ monoton wachsend (fallend) gegen $*k$.

b) Für alle Kapitalintensitäten, die den Gleichgewichtswert $*k$ unterschreiten, hat die optimale Sparquote ihre maximale Höhe b, d. h., solange $k< *k$, wird der den Mindestkonsum $\bar{c} = (1 - b)f(k)$ überschreitende Output investiert. Ist $k> *k$, wird der gesamte Output konsumiert, die optimale Sparquote hat den Wert null. Aufgrund des exogenen Bevölkerungswachstums sinkt die Kapitalintensität auf diesem Pfad auf $*k$. Hat das Pro-Kopf-Kapital den Gleichgewichtswert $*k$ erreicht, muß die Sparquote $*s = n*k/f(*k)$, $0< *s< b$, verwirklicht werden, und die Wirtschaft wächst fortan auf dem quasi-stationären Goldenen Nutzenpfad mit

(89)
$$k(t) = *k$$
$$c(t) = *c = [1 - *s]f(*k)$$
$$p(t) = *p = 1.$$

Pro-Kopf-Kapital, Pro-Kopf-Einkommen und Pro-Kopf-Konsum sind auf diesem Pfad konstant, während der Kapitalstock K, das Sozialprodukt Y und das gesamtwirtschaftliche Konsumniveau C mit derselben Rate n wachsen wie die Bevölkerung.

Wenn sich die Wirtschaft nicht auf dem quasi-stationären Gleichgewichtspfad $\{{}^*k, 1\}$ befindet, verlangt die optimale Strategie wegen der Linearität der sozialen Nutzenfunktion entweder die Realisierung einer Sparquote in Höhe von b oder von null, d. h. die Sparquote muß einen der Randwerte des zulässigen Intervalls $(0,b)$ annehmen. Man bezeichnet daher diese Lösung zuweilen - in Anlehnung an die Terminologie der Regelungstechnik - als bang-bang-Steuerung[88].

(4) Wenn die maximal zulässige Sparquote b kleiner ist als der Quotient $n{}^*k/f({}^*k)$, schneidet die Senkrechte $\dot{k}=0$ den Graphen $\dot{p}=0$ links von ${}^*k$ (vgl. Abb. 6). Der Schnittpunkt der beiden Kurven bestimmt den Gleichgewichtspunkt $({}^{**}k, {}^{**}p)$ des Systems (77)/(78). Doch stellt auch der Punkt $({}^*k, 1)$ für ${}^*s = n{}^*k/f({}^*k)$ ein Gleichgewicht dar. $\{{}^*k, 1\}$ kommt aber als gleichgewichtiger Zielpfad nicht in Betracht, weil die Sparquote ${}^*s = n{}^*k/f({}^*k)$, die $({}^*k, 1)$ zu einem quasi-stationären Gleichgewicht macht, unzulässig ist: ${}^*s$ übersteigt die maximale Sparquote b.

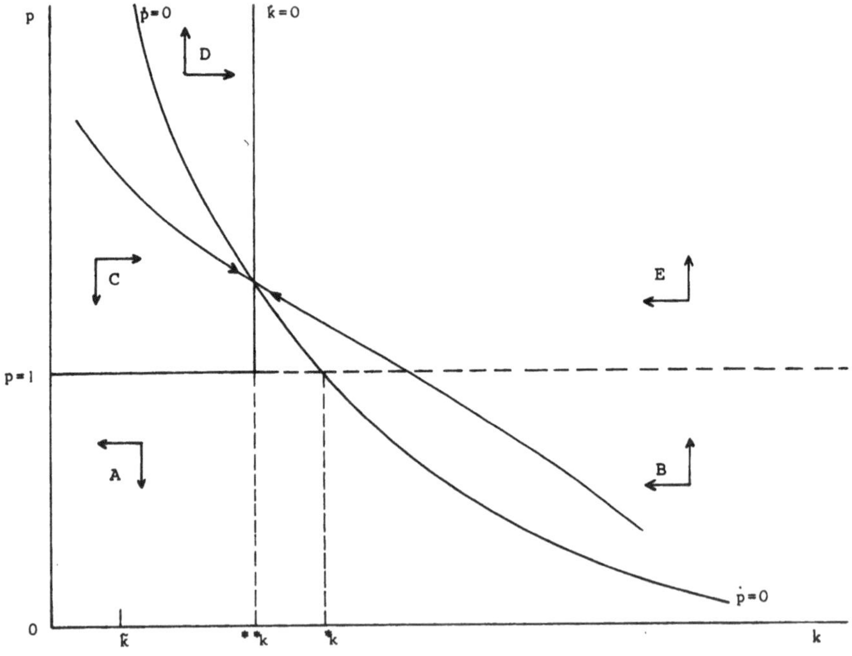

Abb. 6

88 Vgl. *Shell*, K., Application of Pontriagin's Maximum Principle to Economics, S. 255.

Wie sich aus Abb. 6 ableiten läßt, wird die optimale Wachstumsstrategie für $k > {}^{**}k$ durch den rechten und für $k < {}^{**}k$ durch den linken stabilen Zweig des Sattelpunkts $({}^{**}k, {}^{**}p)$ repräsentiert. Wenn $b < n{}^{*}k/f({}^{*}k)$, konvergiert der optimale Wachstumspfad folglich nicht gegen den Gleichgewichtspfad der Goldenen Nutzenregel mit der Sparquote $n{}^{*}k/f({}^{*}k)$, sondern gegen den Gleichgewichtspfad $\{{}^{**}k, {}^{**}p\}$, auf dem die Sparquote die maximal zulässige Höhe b hat.

Ist das Anfangs-Pro-Kopf-Kapital $k(0)$ kleiner als das gleichgewichtige ${}^{**}k$, so muß auf dem optimalen Pfad stets die maximale Sparquote b realisiert werden. Für $k(0) > {}^{*}k > {}^{**}k$ verläuft die optimale Trajektorie zunächst unterhalb der Horizontalen $p=1$, die Sparquote s ist daher gleich null. Auf der Geraden $p=1$ ist die optimale Sparquote unbestimmt, während sie für $p > 1$ den Wert b annimmt und fortan beibehält. Obwohl nun die Sparquote ihren Maximalwert besitzt, sinkt die Kapitalintensität weiterhin bis sie ihrem Gleichgewichtswert ${}^{**}k$ entspricht, da für $k > {}^{**}k$ die Pro-Kopf-Ersparnis $bf(k)$ nicht ausreicht, die Kosten des Bevölkerungswachstums nk zu decken. Ein hoher Ansatz der minimalen Konsumquote führt also dazu, daß die Wirtschaft für eine Anfangskapitalintensität $k(0) < {}^{**}k$ niemals ihr Konsumniveau über den Mindestkonsum hinaus zu steigern vermag. Für $k(0) > {}^{*}k$ ist dies zwar möglich, aber nur eine begrenzte Zeit lang.

1.4. Wohlstandsmaximierende Wachstumspfade: Die Ramsey-Weizsäcker-Methode

1.4.1. Das Überholkriterium

(1) In seiner Pionierarbeit zur Theorie des optimalen Wachstums vertritt Ramsey die Ansicht, die Diskontierung zukünftiger Nutzen sei eine Praxis, "which is ethically indefensible and arises merely from the weakness of the imagination[89]". Er legt deshalb seiner Untersuchung ein Welfare-Funktional des Typs (24), $W = \int_0^\infty U(c(t))dt$, zugrunde. Allerdings ist bei ihm der Nutzen eine Funktion des Gesamtkonsums C. Da er jedoch eine stationäre Bevölkerung $(n = 0)$ unterstellt, ist (24) seiner Formulierung äquivalent.

In Abschnitt 1.2.3. wurde dargelegt, daß das Welfare-Integral (24) nicht konvergiert und somit differendierenden Wachstumsprogrammen unterschiedslos den Wert unendlich zuweisen kann. Um seinen ethischen Überzeugungen treu bleiben und weiterhin seine Analyse auf das Wohlstands-Funktional (24) gründen zu kön-

89 *Ramsey*, F. P., A Mathematical Theory of Saving.

nen, führte Ramsey die Annahme ein, daß entweder die Produktionsfunktion $f(k)$ oder die Nutzenfunktion $U(c)$ oder beide Funktionen nach oben beschränkt sind:

$$f(k) \leq \bar{y} \text{ für alle } k \tag{90}$$

$$U(c) \leq \bar{U} \text{ für alle } c. \tag{91}$$

Auf diese Weise wird ein maximales Nutzenniveau $\hat{U}$ - von Ramsey "bliss" (vollkommene Glückseligkeit[90]) genannt - definiert. $\hat{U}$ besitzt den Wert $\bar{U}$, wenn (91) effektiv ist; wird (90) bindend, dann gilt $\hat{U} = U(\bar{y})$.

Ramsey versucht nun, die optimale Entwicklungsstrategie zu identifizieren, indem er das Integral der Differenz zwischen maximalem Nutzen $\hat{U}$ (bliss) und tatsächlichem Nutzen U minimiert:

$$\int_0^\infty [\hat{U} - U(c(t))]dt \overset{!}{=} min. \tag{92}$$

Das entspricht der Maximierung von

$$\int_0^\infty [U(c(t)) - \hat{U}]dt. \tag{93}$$

Wie Chakravarty[91] bewiesen hat, garantiert die Unterstellung eines Sättigungsniveaus der Nutzen- und/oder Produktionsfunktion nur dann einen Erfolg der Ramsey-Methode, wenn das bindende Supremum der Nutzen- bzw. Produktionsfunktion bei endlichen Werten des Pro-Kopf-Konsums c oder des Pro-Kopf-Kapitals k angenommen wird. Dann gibt es Wachstumspfade, die den Maximalnutzen $\hat{U}$ in endlicher Zeit, z. B. in t_1 erreichen, so daß das Integral (93) konvergiert. Es können also zwei Klassen von Wachstumspfaden existieren:

a) Jene Pfade, die in endlicher Zeit zu dem Nutzenniveau $\hat{U}$ führen. Sie werden durch (93) in eine Rangordnung gebracht.

b) Jene Programme, die nicht in endlicher Zeit $\hat{U}$ erreichen. Ihnen weist (93) unterschiedslos den Wert $-\infty$ zu.

Alle Wachstumspfade der Klasse a) sind denen der Klasse b) überlegen; es ist deshalb bedeutungslos, daß (93) für die Klasse b) keine Präferenzstruktur erzeugt, sofern die Klasse a) wenigstens ein Element enthält.

Wird aber die kleinste obere Schranke der Nutzenfunktion $U(c)$ und/oder der Pro-Kopf-Produktionsfunktion $f(k)$ nicht bei endlichen Werten des Pro-Kopf-Konsums bzw. des Pro-Kopf-Kapitals angenommen, ist die Existenz von Suprema die-

---

90 *Krelle*, W. und *Gabisch*, G., Wachstumstheorie, Berlin/Heidelberg/New York 1972, S. 175.

91 *Chakravarty*, S., The Existence of an Optimum Savings Program; derselbe, Capital and Development Planning, S. 29 ff.

ser Funktionen nicht hinreichend dafür, daß es wenigstens einen Wachstumspfad gibt, für den (93) konvergiert. Nähern sich die Nutzenfunktion $U(c)$ und die Pro-Kopf-Produktionsfunktion $f(k)$ ihrer kleinsten oberen Schranke mit einer zu geringen Geschwindigkeit, so divergiert (93) gegen $-\infty$ für alle zulässigen Pfade. Mit Hilfe von (93) kann in diesem Fall kein bestes Programm mehr bestimmt werden, Ramseys Verfahren versagt dann[92].

(2) Phelps[93] hat darauf aufmerksam gemacht, daß das Optimierungsproblem auf der Grundlage von (93) nicht dem auf der Basis von (24) äquivalent ist, da (93) keine monotone Transformation von (24) darstellt. Das bedeutet aber nicht, daß ein mit Hilfe von (93) isolierter Wachstumspfad nicht optimal ist; es wird nur eine andere Definition der Optimalität benutzt.

Die Ramsey'sche Problemstellung entspricht der des Überhol-Prinzips. Das Überhol-Prinzip, welches von v. Weizsäcker, Gale und McFadden[94] entwickelt wurde, stellt gegenwärtig das modernste Verfahren dar, das Divergenzproblem zu meistern. Nach ihm ist eine Wachstumsstrategie - gekennzeichnet durch den Konsumpfad $c_1(t)$ - besser als ein anderes Wachstumsprogramm - charakterisiert durch den Konsumpfad $c_2(t)$ -, wenn es einen endlichen Zeitpunkt t_1 gibt, so daß für alle $t \geqq t_1$ gilt

(94) $$\int_0^t U(c_1(t))dt > \int_0^t U(c_2(t))dt.$$

Eine zulässige Wachstumsstrategie $c_1(t)$ ist dann optimal, wenn die Beziehung (94) für alle anderen Wachstumspfade zutrifft.

Bei dem Überhol-Kriterium treten nur eigentliche Integrale auf, eine Divergenz ist daher nicht möglich. Es kann jedoch geschehen, daß das Überhol-Kriterium nicht in der Lage ist, zwischen zwei differierenden Pfaden zu unterscheiden. Das ist bedeutungslos, solange ein optimales Programm existiert. Doch auch das muß nicht immer der Fall sein[95].

Es soll nun gezeigt werden, daß das Ramsey'sche Verfahren tatsächlich dem Überhol-Prinzip äquivalent ist[96]. Es sei $\hat{c}(t)$ ein bestimmter Pfad des Pro-Kopf-Konsums. Liefert die Maximierung von

(95) $$\int_0^\infty [U(c(t)) - U(\hat{c}(t))]dt$$

---

[92] Vgl. *Kemp*, M. C. und *Hadley*, G., Variational Methods in Economics, S. 52 ff.

[93] *Phelps*, E. S., Golden Rules of Economic Growth, S. 74 ff.

[94] *Weizsäcker*, C. Ch. v., Existence of Optimal Programs of Accumulation for an Infinite Time Horizon, Review of Economic Studies, Vol. 34 (1967), S. 143 ff.; *McFadden*, D., The Evaluation of Development Programs, Review of Economic Studies, Vol. 34 (1967), S. 25 ff.; *Gale*, D., On Optimal Development in a Multi-Sector Economy, Review of Economic Studies, Vol. 34 (1967), S. 1 ff.

[95] Vgl. *Weizsäcker*, C. Ch. v., Existence of Optimal Programs of Accumulation for an Infinite Time Horizon.

[96] Vgl. *Phelps*, E. S., Golden Rules of Economic Growth, S. 76.

als eindeutige Lösung einen Konsumpfad $c^{**}(t)$, so ist $c^{**}(t)$ auch ein eindeutiges Optimum im Sinne des Überhol-Kriteriums. Denn für alle $c(t) \neq c^{**}(t)$ gilt dann

$$(96) \qquad \int_0^\infty [U(c^{**}) - U(\grave{c})]dt > \int_0^\infty [U(c) - U(\grave{c})]dt \text{ oder}$$

$$(97) \qquad \int_0^\infty [U(c^{**}) - U(\grave{c}) - U(c) + U(\grave{c})]dt > 0$$

$$= \int_0^\infty [U(c^{**}) - U(c)]dt > 0.$$

Es gibt daher ein endliches T, so daß

$$(98) \qquad \int_0^t U(c^{**})dt > \int_0^t U(c)dt \qquad \text{für alle } t \geqq T.$$

Im Ramsey-Modell ist der Vergleichspfad des Pro-Kopf-Konsums $\grave{c}(t) = \bar{c}(t)$, wobei $\bar{c}(t) = \bar{y}$ ist oder $\bar{c}(t)$ durch die Beziehung $\sup_c U(c) = U(\bar{c})$ definiert wird, je nachdem, ob die Beschränkung (90) oder (91) Wirksamkeit erlangt.

1.4.2. Lösung mit Hilfe des Maximum-Prinzips

(1) Ramseys Lösungsmethode ist nur anwendbar, wenn es ein maximales Nutzenniveau gibt. Dessen Existenz wird bei stationärer Bevölkerung durch die Voraussetzung sichergestellt, daß entweder die Nutzenfunktion und/oder die Produktionsfunktion nach oben beschränkt sind. Die Unterstellung eines Supremus ist jedoch weder für die Nutzenfunktion noch für die Produktionsfunktion sehr überzeugend. Durch die Annahme eines positiven Grenznutzens des Pro-Kopf-Konsums $(U'(c) > 0)$ und einer positiven Grenzproduktivität des Kapitals $(f'(k) > 0)$ wurde deshalb diese Möglichkeit in der vorliegenden Arbeit ausgeschlossen. Sie ist aber bei positivem Bevölkerungswachstum auch gar nicht notwendig, um einen bliss-Punkt zu definieren. Denn in diesem Fall gibt es – wie das neoklassische Theorem zeigt – unter weit weniger restriktiv wirkenden Annahmen ein eindeutiges Maximum des Pro-Kopf-Konsums und damit des Pro-Kopf-Nutzens. Bei wachsender Bevölkerung kann im Optimalitätskriterium (95) der Goldene Pfad $\hat{\hat{c}}(t)$ die Rolle des Referenzpfades $\grave{c}(t)$ übernehmen. Die Optimierungsaufgabe besteht dann darin, denjenigen Wachstumspfad zu ermitteln, der das Funktional

$$(99) \qquad \int_0^\infty [U(c(t)) - U(\hat{\hat{c}})]dt$$

unter der Nebenbedingung

$$(100) \qquad \dot{k} = f(k) - nk - c \qquad k(0) = k_0 > 0$$

maximiert. Falls ein derartiger Pfad existiert, ist er optimal im Sinne des Überhol-Kriteriums.

(2) Damit die Maximierung von (99) ein ökonomisch und mathematisch sinnvolles Problem darstellt, darf (99) weder unterschiedlichen Programmen den Wert $+\infty$ noch allen zulässigen Programmen den Wert $-\infty$ zuweisen[97].

Es wird zunächst gezeigt, daß (99) für jede Anfangskapitalintensität $k(0)$, $k(0) \leq \bar{k}$[98], nach oben beschränkt ist. Da der gesellschaftliche Nutzen eine konkave Funktion des Pro-Kopf-Konsums ist, gilt für jeden beliebigen Zeitpunkt t

$$\begin{aligned}(101)\qquad \int_0^t [U(c(t)) - U(\hat{c})]dt &\leq U'(\hat{c})\int_0^t [c(t) - \hat{c}]dt \\ &= U'(\hat{c})\int_0^t [(f(k) - nk - \dot{k}) - (f(\hat{k}) - n\hat{k})]dt \\ &\leq -U'(\hat{c})\int_0^t \dot{k}dt^{99} \\ &= U'(\hat{c})[k(0) - k(t)] \\ &\leq U'(\hat{c})\bar{k}^{100}\end{aligned}$$

Setzt man $t = \infty$, so erhält man

$$(102)\qquad \int_0^\infty [U(c(t)) - U(\hat{c})]dt \leq U'(\hat{c})\bar{k}.$$

(99) ist also nach oben beschränkt.

Daß (99) nicht allen zulässigen Wachstumspfaden den Wert $-\infty$ zuordnet, läßt sich ebenfalls in einfacher Weise demonstrieren. Ist $k(0) > \hat{k}$, kann man $c(t) = \underline{c} > \hat{c}$ setzen für $0 \leq t \leq T$. *Ab* $t \geq T$ wird dann entsprechend der Goldenen Regel konsumiert, d. h., $c(t)$ ist gleich $\hat{c}$. Diesem Wachstumsprogramm weist (99) einen positiven endlichen Wert zu

$$\begin{aligned}(103)\qquad &\int_0^\infty [U(c(t)) - U(\hat{c})]dt \\ &= \int_0^T [U(\underline{c}) - U(\hat{c})]dt + \int_T^\infty [U(\hat{c}) - U(\hat{c})]dt \\ &= \int_0^T [U(\underline{c}) - U(\hat{c})]dt > 0 > -\infty .\end{aligned}$$

Für $k(0) < \hat{k}$ erteilt (99) allen zulässigen Wachstumspfaden einen negativen Wert, doch da der Goldene Pfad in endlicher Zeit erreicht werden kann, gibt es Pfade, für die das Integral gegen einen endlichen negativen Wert konvertiert. Setzt man z. B.

$$\begin{aligned}(104)\qquad c(t) &= \frac{1}{x}[f(k) - nk] \qquad \text{für } 0 \leq t \leq T,\ k(T) = \hat{k},\ x > 1 \\ c(t) &= \hat{c} \qquad \text{für } t > T,\end{aligned}$$

[97] Vgl. *Wan*, H. Y., Economic Growth, S. 309 ff.

[98] $\bar{k}$ ist die maximal aufrechtzuerhaltende Kapitalintensität (vgl. (27)).

[99] $f(k) - nk \leq f(\hat{k}) - n\hat{k}$.

[100] $\max_k [k(0) - k(t)] \leq \bar{k}$, da $k(0), k(t) < \bar{k}$.

so erhält man

$$(105)\qquad \begin{aligned} &\int_0^\infty \{U(\frac{1}{x}[f(k) - nk]) - U(\hat{c})\}dt \\ &= \int_0^T \{U(\frac{1}{x}[f(k) - nk]) - U(\hat{c})\}dt \\ &\quad + \int_T^\infty [U(\hat{c}) - U(\hat{c})]dt \\ &= \int_0^T \{U(\frac{1}{x}[f(k) - nk]) - U(\hat{c})\}dt > -\infty . \end{aligned}$$

(99) ist also auch nach unten beschränkt.

(3) Dem Maximum-Prinzip entsprechend ist der optimale Pfad Lösung des folgenden Gleichungssystems:

$$(106)\qquad H = U(c(t)) - U(\hat{c}) + p[f(k) - nk - c]$$

$$(107)\qquad \frac{dk}{dt} = \dot{k} = \frac{\partial H}{\partial p} = f(k) - nk - c \qquad k(0) = k_0$$

$$(108)\qquad \frac{dp}{dt} = \dot{p} = -\frac{\partial H}{\partial k} = -p[f'(k) - n]$$

$$(109)\qquad \frac{\partial H}{\partial c} = U'(c) - p = 0$$

Logarithmische Differentiation von (109) nach t liefert

$$(110)\qquad \frac{\dot{p}}{p} = \frac{U''(c)}{U'(c)}\dot{c} = -\sigma(c)\frac{\dot{c}}{c},$$

wobei $\sigma(c) > 0$ wiederum die Grenznutzenelastizität repräsentiert. Unter Berücksichtigung von (108) erhält man aus (110)

$$(111)\qquad \dot{c} = \frac{1}{\sigma(c)}[f'(k) - n]c.$$

(107) und (111) bilden ein System von zwei Differentialgleichungen erster Ordnung, unter dessen Lösungen sich der optimale Wachstumspfad befinden muß. Dieser läßt sich wieder mit Hilfe eines Phasendiagramms ermitteln. Zu diesem Zweck werden die Graphen der Gleichungen

$$(112)\qquad \dot{k} = f(k) - nk - c = 0$$

$$(113)\qquad \dot{c} = \frac{1}{\sigma(c)}[f'(k) - n]c = 0$$

in das Koordinatensystem der Abb. 7 eingetragen[101]. Sie erzeugen vier Bereiche, in

[101] Zur Ermittlung der Graphen $\dot{k} = 0$ und $\dot{c} = 0$ vgl. die Ausführungen in Abschnitt 1.3.1.(6).

denen sich das System (107)/(111) in jeweils spezifischer Weise bewegt. Oberhalb (unterhalb) der Kurve $\dot{k}=0$ ist $\dot{k}<0$ ($\dot{k}>0$), die Kapitalintensität k sinkt (steigt) also, während rechts (links) der Senkrechten $\dot{c}=0$ $\dot{c}<0$ ($\dot{c}>0$) ist, der Pro-Kopf-Konsum c folglich abnimmt (zunimmt). Im Schnittpunkt der beiden Kurven ist

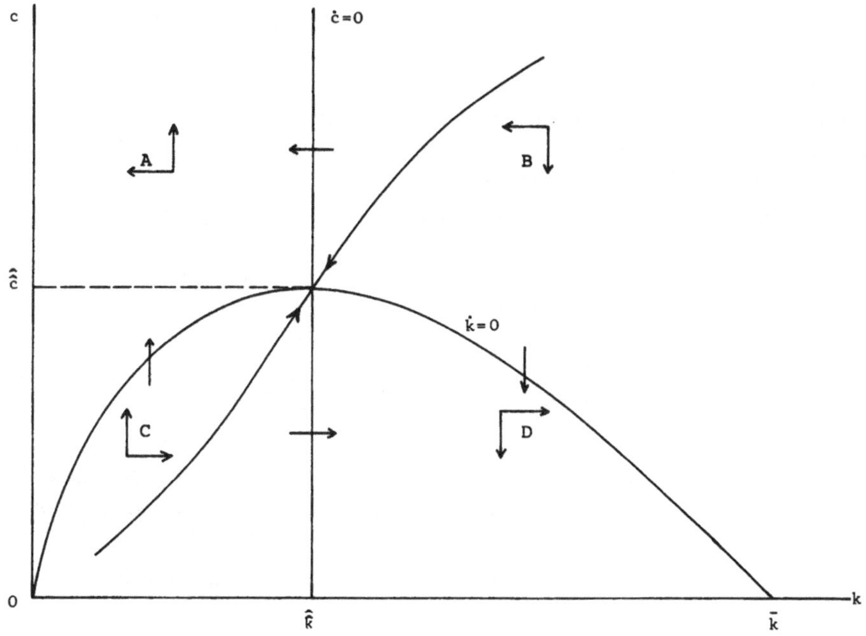

Abb. 7

gleichzeitig $\dot{k} = 0$ und $\dot{c} = 0$, d. h. hier liegt ein Gleichgewichtspunkt, in dem jede Bewegung des Systems erlischt. Das Gleichgewicht ist eindeutig, da - wie ein Blick auf Abb. 7 zeigt - die Kurven $\dot{k}=0$ und $\dot{c}=0$ nur einen gemeinsamen Schnittpunkt besitzen. Die Koordinaten dieses Punktes werden durch die Beziehungen

(114) $$f'(\hat{k}) = n$$

(115) $$\hat{c} = f(\hat{k}) - n\hat{k}$$

definiert. Das bedeutet, der Gleichgewichtspunkt entspricht der Kapitalintensität und dem Pro-Kopf-Konsum der Goldenen Regel. Dieses Ergebnis ist, da der zukünftige Nutzen nicht diskontiert wird, nach den Ausführungen in Abschnitt 1.3.1. (6) nicht überraschend. Dort war gezeigt worden, daß der Gleichgewichtspfad $\{{}^*k, {}^*c\}$, welcher den Optimumbedingungen des Maximum-Prinzips entspricht (d. h. der Goldene Nutzenpfad), sich mit sinkendem Diskontsatz r dem Goldenen Pfad nähert. Da jetzt auf jede Diskontierung des künftigen Nutzens verzichtet wurde, sind die Gleichgewichtswerte identisch.

Eine Analyse des Phasendiagramms zeigt, daß Trajektorien in den Bereichen *A* und *D* nicht optimal sein können. Jeder Pfad in *A* verletzt in endlicher Zeit die Restriktion $c \leqq f(k)$; er ist daher unzulässig. Pfade in *D* tendieren gegen die *k*-Achse. Die Differenz zwischen dem Maximalkonsum $\hat{c}$ und dem tatsächlichen Konsum $c(t)$ sowie das Nutzendefizit $(\hat{U} - U(c(t)))$ wird ständig größer. Derartigen Pfaden weist das Optimalitätskriterium (99) den Wert $-\infty$ zu; sie scheiden als Kandidaten für das optimale Programm aus, da Strategien existieren mit endlichem Welfare-Index. Pfade, die in den Sektoren *C* oder *B* beginnen, können entweder in *A* oder *D* eindringen, oder sie bleiben in ihrem Bereich. Da Trajektorien, die durch *A* oder *D* laufen, nicht optimal sein können, kommen nur solche Pfade in *C* und *B* für die optimale Strategie in Betracht, die ihren Sektor niemals verlassen. Diese müssen sich jedoch asymptotisch dem quasi-stationären Gleichgewichtspfad $\{\hat{k},\hat{c}\}$ nähern. Gemäß dem Eindeutigkeits- und dem Einbettungssatz für Differentialgleichungen exististiert in den Sektoren *C* und *B* jeweils nur eine derartige Trajektorie (vgl. dazu Abschnitt 1.3.1.(7)). Das ergibt sich auch aus der Tatsache, daß das Gleichgewicht $(\hat{k},\hat{c})$ ein Sattelpunkt ist (siehe dazu Abschnitt 1.3.1.(8)). Da sowohl der Pro-Kopf-Konsum *c* als auch das Pro-Kopf-Kapital *k* in *C* (*B*) steigen (fallen), erfolgt die Annäherung an $(\hat{k},\hat{c})$ streng monoton. Daraus ergibt sich für die optimale Wachstumsstrategie:

a) Ist der Anfangsbestand an Pro-Kopf-Kapital $k(0)$ kleiner als der gleichgewichtige $\hat{k}$, so streben der Pro-Kopf-Konsum *c* und die Kapitalintensität *k* streng monoton wachsend gegen den quasi-stationären Pfad der Goldenen Regel.

b) Ist $k(0) > \hat{k}$, dann nähern sich *k* und *c* streng monoton fallend dem Goldenen Pfad.

c) Für $k(0) = \hat{k}$ ist es optimal, nach der Goldenen Regel zu verfahren, d. h. stets das Konsumniveau $\hat{c}$ zu realisieren.

1.4.3. Lösung mit Hilfe der klassischen Variationsrechnung: Die Ramsey-Regel

Das soeben diskutierte Optimierungsproblem

$$(116) \qquad \max_c \int_0^\infty [U(c(t)) - \hat{U}]dt \qquad \hat{U} = U(\hat{c})$$

$$\dot{k} = f(k(t)) - nk(t) - c(t) \qquad k(0) = k_0$$

läßt sich umformulieren in

$$(117) \qquad \max_k \int_0^\infty [U(f(k(t)) - nk(t) - \dot{k}(t)) - \hat{U}]dt, \; k(0) = k_0.$$

Jetzt wird $k(t)$ als Instrumentvariable betrachtet, es gilt also den Zeitpfad des Pro-Kopf-Kapitals $k(t)$ zu finden, der (117) maximiert. Bedient man sich dazu des Optimierungsverfahrens der klassischen Variationsrechnung, so erhält man unmittelbar eine bemerkenswert einfache Formel, die die optimale Wachstumsstrategie beschreibt[102]. Da theoretische Erkenntnisse umso eher wirtschaftspolitisch fruchtbar gemacht werden können, je einfacher die daraus abgeleiteten Verhaltensregeln sind, ist es der Mühe wert, die Lösung mit Hilfe dieses Verfahrens darzustellen.

In der Theorie der Variationsrechnung wird bewiesen[103], daß eine Funktion $k(t)$, die ein (inneres) Maximum von (117) liefert, notwendigerweise Lösung der sog. Euler-Gleichung sein muß

$$\frac{\partial}{\partial k}[U - \hat{U}] - \frac{d}{dt}\{\frac{\partial}{\partial \dot{k}}[U - \hat{U}]\} = 0. \tag{118}$$

Da im Integranden von (117) t nicht explizit vorkommt, gilt[104]

$$\begin{aligned} &\frac{d}{dt}\{[U - \hat{U}] - \dot{k}\frac{\partial}{\partial \dot{k}}[U - \hat{U}]\} \\ &= \frac{\partial}{\partial k}[U - \hat{U}]\dot{k} + \frac{\partial}{\partial \dot{k}}[U - \hat{U}]\ddot{k} - \ddot{k}\frac{\partial}{\partial \dot{k}}[U - \hat{U}] \\ &\quad - \dot{k}\ddot{k}\frac{\partial^2}{\partial \dot{k}^2}[U - \hat{U}] - (\dot{k})^2\frac{\partial^2}{\partial \dot{k}\partial k}[U - \hat{U}]^{105} \\ &= \dot{k}\{\frac{\partial}{\partial k}[U - \hat{U}] - \dot{k}\frac{\partial^2}{\partial k \partial \dot{k}}[U - \hat{U}]\} \\ &= \dot{k}\{\frac{\partial}{\partial k}[U - \hat{U}] - \frac{d}{dt}\frac{\partial}{\partial \dot{k}}[U - \hat{U}]\}. \end{aligned} \tag{119}$$

Wenn $k(t)$ eine Extremale, d. h. Lösung der Euler-Gleichung ist, wird der Klammerausdruck der letzten Zeile von (119) null. Es ergibt sich

$$\frac{d}{dt}\{[U - \hat{U}] - \dot{k}\frac{\partial}{\partial \dot{k}}[U - \hat{U}]\} = 0. \tag{120}$$

Integriert man (120), so erkennt man, daß der optimale Zeitpfad $k(t)$ die Gleichung

$$[U - \hat{U}] - \dot{k}\frac{\partial}{\partial \dot{k}}[U - \hat{U}] = A \tag{121}$$

---

102 Zu dieser Formel gelangt man auch durch Umformulierung der Pontryagin-Bedingungen.

103 Vgl. z. B. *Kemp*, M. C. und *Hadley*, G., Variational Methods in Economics, S. 22 ff.

104 Vgl. *Kemp*, M. C. und *Hadley*, G., Variational Methods in Economics, S. 41; siehe auch *Chakravarty*, S., Capital and Development Planning, S. 271.

105 $\ddot{k} = d^2k/dt^2$.

befriedigen muß, wobei A eine willkürliche Integrationskonstante darstellt. Führt man in (121) die Differentiation aus, so erhält man

$$[U - \hat{U}] + \dot{k}U' = A. \tag{122}$$

Die Konstante A kann aufgrund folgender Überlegung bestimmt werden. Auf dem optimalen Pfad strebt der soziale Nutzen U gegen das maximale Nutzenniveau $\hat{U}$ und die Änderung des Pro-Kopf-Kapitals $\dot{k}$ gegen null – das haben die Erörterungen in Abschnitt 1.4.2.(3) gezeigt. Dann gilt aber $A = 0$ und man erhält

$$\dot{k} = \frac{\hat{U} - U}{U'}. \tag{123}$$

Das heißt, auf dem optimalen Wachstumspfad muß stets entsprechend dem Verhältnis aus Nutzendefizit $(\hat{U} - U)$ und Grenznutzen U' investiert werden. Da der Grenznutzen annahmegemäß positiv ist, folgt für die Entwicklung der Kapitalintensität

$$\dot{k} \left\{ \begin{matrix} < \\ > \end{matrix} \right\} 0, \text{ wenn } \quad U \left\{ \begin{matrix} > \\ < \end{matrix} \right\} \hat{U}. \tag{124}$$

Für eine stationäre Bevölkerung hat bereits Ramsey[106] diese Formel abgeleitet. Man bezeichnet sie deshalb als Ramsey-Regel[107].

---

106 *Ramsey*, F. P., A Mathematical Theory of Saving.
107 *Phelps*, E. S., Golden Rules of Economic Growth, S. 79.

2. Optimale Investitionspolitik bei endogenem Bevölkerungswachstum

Die Suche nach optimalen Wachstumspfaden und deren Analyse wurde bisher unter der Annahme durchgeführt, die Wachstumsrate der Bevölkerung sei eine exogen gegebene Konstante. Die Bevölkerungsentwicklung trat als unabhängige Variable auf, deren Größe zwar den Wachstumsprozeß entscheidend beeinflußt, die ihrerseits aber vom wirtschaftlichen Geschehen unberührt bleibt. Diese Vorgehensweise abstrahiert demnach von Rückkopplungseffekten des Wirtschaftswachstums auf das Bevölkerungswachstum. Da derartige Effekte aber zweifellos existieren - wenngleich über ihre Intensität noch keine eindeutigen empirischen Ergebnisse vorliegen -, soll in diesem Kapitel die Frage des optimalen Wirtschaftswachstums anhand eines Modells untersucht werden, in dem die Bevölkerungsentwicklung auf Änderungen ökonomischer Größen reagiert.

Die Zusammenhänge zwischen Bevölkerungs- und Wirtschaftswachstum können durch eine Populationsfunktion erfaßt werden. Ihre Gestalt ist daher zunächst zu bestimmen. Dies geschieht in Abschnitt 2.1. In Abschnitt 2.2. wird die ermittelte Populationsfunktion in das Wachstumsmodell eingebaut und untersucht, welchen Einfluß unterschiedliche Spar- und Investitionsprogramme auf das Wirtschaftswachstum haben, wenn die Bevölkerungsentwicklung in der unterstellten Weise mit ökonomischen Faktoren korreliert ist. Unter denselben Voraussetzungen werden dann in Abschnitt 2.3. Existenz und Eigenschaften optimaler Wachstumsprozesse erörtert.

Die Diskussion wird in diesem Kapitel nur im Rahmen des Diskontierungsansatzes und für eine nichtlineare Nutzenfunktion durchgeführt, da die Änderungen der Ergebnisse, die sich bei einer linearen Nutzenfunktion oder bei Verzicht auf jegliche Diskontierung ergeben, qualitativ jenen entsprechen, die in den Abschnitten 1.3.2. und 1.4. des vorigen Kapitels ermittelt wurden.

2.1. Die Populationsfunktion

2.1.1. Die demographische Gleichung

(1) Eine umfassende Theorie der Bevölkerungsentwicklung gibt es bisher nicht[1]. Das ist angesichts der zahlreichen interdependenten demographischen, ökonomi-

---

[1] Vgl. *Schultz*, T. P., A Preliminary Survey of Economic Analyses of Fertility, American Economic Review, Papers and Proceedings, Vol. 63 (1973), S. 71.

schen, sozialen, kulturellen, religiösen und sonstigen Faktoren, aus deren Zusammenwirken das Bevölkerungswachstum resultiert, auch nicht verwunderlich. Der gegenwärtige Stand ist durch die Existenz einer Vielzahl von Bevölkerungstheorien gekennzeichnet, die aus dem ausufernden Bedingungskomplex einen bestimmten Aspekt herausgreifen und ihn als alleinigen oder hauptsächlichen Bestimmungsgrund behandeln[2]. "To isolate a single factor, or even dimension of live, to provide a theory of population growth is clearly a gross simplification of reality, but even the grossest such generalization can contain some interesting insight"[3]. Aus dieser Perspektive muß auch der hier erörterte ökonomische Erklärungsansatz der Bevölkerungsentwicklung gesehen werden.

(2) Ein guter Ausgangspunkt zur Diskussion der Bevölkerungsentwicklung ist die demographische Gleichung

$$n = [g - m] + [e - a]. \tag{125}$$

Sie besagt, daß die Wachstumsrate der Bevölkerung n abhängt von der Geburtenrate g und der Sterberate m sowie der Einwanderungsrate e und der Auswanderungsrate a. Obwohl die Wanderungsraten eindeutig auf Veränderungen der ökonomischen Situation reagieren[4], werden sie in die weitere Betrachtung nicht einbezogen, da auch in diesem Kapitel von einer geschlossenen Volkswirtschaft ausgegangen wird. Die Wachstumsrate der Bevölkerung ergibt sich somit als Differenz zwischen Geburten- und Sterberate:

$$n = g - m. \tag{126}$$

Eine ökonomische Theorie der Bevölkerung hat die Aufgabe, eine funktionale Beziehung zwischen diesen Komponenten der Bevölkerungsentwicklung und ökonomischen Größen aufzuzeigen. Der Ausgestaltung solcher Relationen sind im Rahmen einer hochaggregierten Analyse naturgemäß enge Grenzen gesteckt, da die Zahl der ökonomischen Variablen, die als Determinanten der Bevölkerungsentwicklung herangezogen werden können, sehr klein ist; und soll tatsächlich eine Endogenisierung des Bevölkerungswachstums erreicht werden, müssen die Argumente der Populationsfunktion der Menge der ökonomischen Variablen des übrigen Systems entstammen.

Sowohl die Bevölkerungstheorie der Klassiker der Nationalökonomie[5] als auch die vereinzelten Endogenisierungsversuche der modernen Wachstums- und Ent-

---

2 Coontz unterscheidet die drei – in sich nicht allzu homogenen – Kategorien der biologischen, kulturellen und ökonomischen Bevölkerungstheorien. Vgl. *Coontz*, S., Population Theory and the Economic Interpretation, London 1961, S. 15 ff.

3 *Sato*, R. und *Davis*, E. G., Optimal Savings Policy When Labor Grows Endogenously, Econometrica, Vol. 39 (1971), S. 877.

4 Vgl. *Davis*, E. G., A Modified Golden Rule: The Case with Endogenous Labour Supply, American Economic Review, Vol. 59 (1969), S. 178.

5 Vgl. *Adelman*, I., Theories of Economic Growth and Development, Stanford 1961.

wicklungstheorie[6] führen die Bevölkerungsentwicklung auf einen einzigen Aspekt zurück: auf die Höhe des Lebensstandards. Zur Messung des Lebensstandards wird dabei entweder auf die Höhe des Lohnsatzes, des Pro-Kopf-Einkommens oder des Pro-Kopf-Konsums zurückgegriffen.

2.1.2. Determinanten der Geburten- und Sterberate

(1) Die nationalökonomischen Klassiker vertraten die Ansicht, die Geburtenrate steige, die Sterberate hingegen sinke mit zunehmender Höhe des Lebensstandards. Die Wachstumsrate der Bevölkerung ist also nach dieser Theorie eine monoton steigende Funktion des Lebensstandards. Empirische Untersuchungen der Entwicklung der Industrieländer haben diese Hypothese jedoch nicht bestätigt. Zwar ist im Zuge des Wirtschaftswachstums die Sterberate gesunken, doch folgte die Geburtenrate mit einem beträchtlichen time-lag und teilweise temporärem Anstieg diesem Trend. Die Wachstumsrate der Bevölkerung erhöhte sich daher nur vorübergehend[7]. Daß Wirtschaftswachstum und Bevölkerungsentwicklung in den Entwicklungsländern bis zum gegenwärtigen Stadium eine ähnliche Korrelation zeigen, deutet auf einen allgemeinen Zusammenhang hin.

(2) Die sinkende Mortalität in der Entwicklungsphase der Industrieländer ist eindeutig auf den steigenden Lebensstandard zurückzuführen. Die Verbesserung der Ernährung, die Verbreitung sanitärer Einrichtungen sowie die Erzielung medizinischer Fortschritte und deren zunehmende Anwendung waren an den wirtschaftli-

---

6 Vgl. *Nelson*, R. R., A Theory of Low Level Equilibrium Trap in Underdeveloped Economies, American Economic Review, Vol. 46 (1956), S. 894 ff.; *Buttrick*, J. A., A Note on Growth Theory, Economic Development and Cultural Change, Vol. 9 (1960), S. 75 ff.; *Jorgenson*, D., The Development of a Dual Economy, Economic Journal, Vol. 71 (1961), S. 309 ff.; *Niehans*, J., Economic Growth with Two Endogenous Factors, Quarterly Journal of Economics, Vol. 77 (1963), S. 349 ff.; *Beckmann*, M., Wirtschaftliches Wachstum bei abnehmenden Skalenerträgen, in: Krelle, W. (Hrsg.), Theorien des einzelwirtschaftlichen und des gesamtwirtschaftlichen Wachstums, Schriften des Vereins für Socialpolitik, N. F. Bd. 34, Berlin 1965, S. 99 ff.; *Davis*, E. G., Optimal Savings Policy When Labor Grows Endogenously, Ph. D. dissertation, Brown University 1968; *Britto*, R., Steady-State Paths in an Economy with Endogenous Population Growth, Western Economic Journal, Vol. 18 (1970), S. 390 ff.; *Leibenstein*, H., Economic Backwardness and Economic Growth, New York 1963, Chap. 10; *Sato, R.* und *Davis*, E. G., Optimal Savings Policy When Labor Grows Endogenously; *Merton*, R. C., A Golden Rule for Welfare Maximization in an Economy with a Varying Population Growth Rate, Western Economic Journal, Vol. 19 (1971), S. 107 ff.; *Whitaker*, J. K., Optimal Capital Accumulation and Endogenous Population Growth, Rivista Internazionale Di Scienze Economiche E Comerciale, Vol. 18 (1971), S. 1137 ff.; *Sato*, R. und *Niho*, J., Population Growth and the Development of a Dual Economy, Oxford Economic Papers, Vol. 23 (1971), S. 410 ff.

7 Vgl. dazu *Habakkuk*, H. J., English Population in the Eighteenth Century, Economic History Review, 2nd. ser., Vol. 6 (1953), S. 117 ff.; derselbe, Population Growth and Economic Development since 1750, Leicester 1971; *Biraben*, J.-N., L'évolution de la fécondité en Europe occidentale, European Population Conference, Strasbourg 1966, S. 1 ff.

chen Fortschritt gekoppelt[8]. Im Gegensatz dazu können die Entwicklungsländer heute unmittelbar auf hochentwickelte medizinische Techniken zurückgreifen und innerhalb kurzer Zeit sowie mit relativ geringen Kosten die Sterblichkeit erheblich reduzieren (z. B. mit Programmen zur Seuchenbekämpfung). Doch ohne eine parallel laufende oder nachfolgende Verbesserung der ökonomischen Bedingungen sind der Reduzierung der Sterblichkeit auf diesem Wege Schranken gesetzt[9]. Das beweist auch die Tatsache, daß die Mortalitätsrate in den meisten Entwicklungsländern noch immer über derjenigen der Industrieländer liegt[10]. Man begeht daher keine unzulässige Simplifizierung, wenn man die Sterberate als abnehmende Funktion des Lebensstandards ansieht.

(3) Die Reaktion der Geburtenrate auf Veränderungen der ökonomischen Situation ist weitaus schwieriger zu erklären. Obwohl sich in jüngster Zeit zahlreiche Ökonomen dieser Frage zugewandt haben[11] und eine Vielzahl von Modellen vorgelegt wurde, existiert bislang keine befriedigende Theorie des Fertilitätsverlaufs im Entwicklungsprozeß. Die größte Übereinstimmung mit den empirischen Daten weist der von Tabbarah[12] konzipierte Erklärungsansatz auf.

Der Verlauf der Geburtenrate hängt in Tabbarah's Theorie entscheidend von den beiden Variablen M und R ab. M, die maximale Anzahl von Kindern, von denen ein Elternpaar im Durchschnitt erwarten kann, daß sie das Erwachsenenalter erreichen, ergibt sich als Produkt aus E_n, der durchschnittlichen maximal möglichen Zahl von Lebendgeburten während der weiblichen Reproduktionsperiode, und P, der Wahrscheinlichkeit, mit der eine Lebendgeburt das Erwachsenenalter erreicht:

$$M = E_n \cdot P. \tag{127}$$

R ist die Zahl von Kindern im Erwachsenenalter, die ein Elternpaar im Durchschnitt zu haben wünscht. Die Zielgröße R bestimmt bei gegebenem P die geplante Zahl von Lebendgeburten E_p

---

8 *United Nations*, Department of Social Affairs, Population Division, The Determinants and Consequences of Population Trends, Population Studies No. 17, New York 1953, S. 56 ff.

9 *Davis*, E. G., A Modified Golden Rule: The Case with Endogenous Labor Supply, S. 178, Fußnote 1.

10 *Gray*, P. und *Tangri*, S., Economic Development and Population Growth, A. Conflict?, Lexington 1970, S. XXII f.

11 Vgl. z. B. *Becker*, G. S., An Economic Analysis of Fertility, in: Demographic and Economic Change in Developed Countries, Princeton, N. J., 1960; *Easterlin*, R. A., Towards a Socio-Economic Theory of Fertility: A Survey of Recent Research on Economic Factors in American Fertility, in: Behrman, L. u. a. (eds.), Fertility and Family Planning: A World View, Ann Arbor 1969; *Sanders*, W. und *Willis*, R. J., Economic Models of Fertility: Some Examples and Implications, New York 1971; *Willis*, R. J., The Economic Determinants of Fertility Behavior, Washington 1968; *Schultz*, T. P., The Value of Children, An Economic Perspective, Journal of Political Economy, Vol. 81 (1973), S. 2 ff.; *Willis*, R. J., A New Approach to the Economic Theory of Fertility Behavior, Journal of Political Economy, Vol. 81 (1973), S. 14 ff.

12 *Tabbarah*, R. B., Towards a Theory of Demographic Development, Economic Development and Cultural Change, Vol. 19 (1971), S. 257 ff.

(128) $$E_p = \frac{R}{P} \quad \text{oder}$$
$$R = E_p \cdot P.$$

Für den Zusammenhang zwischen Fertilität und Lebensstandard ist es bedeutsam, ob und wie R und M auf Änderungen des Lebensstandards reagieren. M, als Produkt aus E_n und P, hängt weitgehend von denselben Faktoren ab, die auch Höhe und Verlauf der Sterblichkeit determinieren. P ist positiv mit dem Lebensstandard korreliert, denn die mit wachsendem Lebensstandard einhergehende Reduzierung der Mortalität resultiert typischerweise zu einem beträchtlichen Teil aus einer verminderten Kindersterblichkeit[13]. E_n steigt mit zunehmendem Lebensstandard ebenfalls. Abnehmende Unter- und Fehlernährung sowie ein verbesserter allgemeiner Gesundheitszustand der Bevölkerung erhöhen die Reproduktionsfähigkeit, intensivere medizinische Vorsorgung der Schwangeren und Gebärenden vermindern die Häufigkeit von Fehl- und Totgeburten sowie die Gefahr von Unfruchtbarkeit infolge von Komplikationen[14]. M ist also eine zunehmende Funktion des Lebensstandards. Über den genauen Verlauf von M lassen sich keine generellen Aussagen machen, doch darf man davon ausgehen, daß die Steigung von M positiv, aber abnehmend ist. Da P den Wert 1 nicht überschreiten kann und E_n eine überwiegend biologisch determinierte Obergrenze $\bar{E}_n$ gesetzt ist, nähert sich M mit wachsendem Lebensstandard asymptotisch der Geraden $\bar{M} = \bar{E}_n \bar{P}, \bar{P} < 1$ (vgl. Abb. 8(1)).

Die Größe von R kann als Ergebnis eines Nutzen-Kosten-Kalküls interpretiert werden[15]. Kinder stellen – in ökonomischer Terminologie[16] – sowohl „dauerhafte Konsumgüter" als auch „Kapitalgüter" dar. Als Konsumgüter stiften sie Nutzen in Form von Elternfreude, der Kapitalnutzen ergibt sich aus ihrer Mitarbeit im Haushalt, ihren Beiträgen zum Familieneinkommen und der potentiellen Unterstützung der Eltern bei Krankheit und im Alter. Kinder verursachen aber auch Kosten. Direkte Kosten sind die Ausgaben für Ernährung, Kleidung und Ausbildung, indirekte Kosten entstehen durch den elterlichen Zeitaufwand zur Pflege der Kinder – hier fällt insbesondere das entgangene Einkommen der Mutter ins Gewicht – und der verringerte Mobilität der Eltern. Je höher der Nutzen der Kinder ist im Vergleich zu ihren Kosten, desto größer wird R sein.

---

[13] Vgl. *Coale*, A. und *Hoover*, E. M., Population Growth and Economic Development in Low-Income Countries, Princeton, N. J., 1958, S. 16.

[14] Vgl. *Henry*, L., La fécondité naturelle: observations, théorie, resultats, Population, Vol. 16 (1961), S. 630 ff.; *Baird*, D., Variations in Fertility Associated with Changing Health Status, in: Sheps, M. C. und Ridley, J. C. (eds.), Public Health and Population Change, Pittsburgh 1965, S. 356 ff.; *Vincent*, P., La stérilité physiologique des populations, Population, Vol. 5 (1950), S. 47 ff.

[15] Vgl. *Schultz*, T. P., The Value of Children: An Economic Perspective, S. 3; *Leibenstein*, H., Economic Backwardness and Economic Growth, S. 159.

[16] Vgl. *Buttrick*, J. A., A Note on Growth Theory, S. 76; *Willis*, R. J., A New Approach to the Economic Theory of Fertility Behavior, S. 16; *Schultz*, T. P., The Value of Children: An Economic Perspective, S. 5.

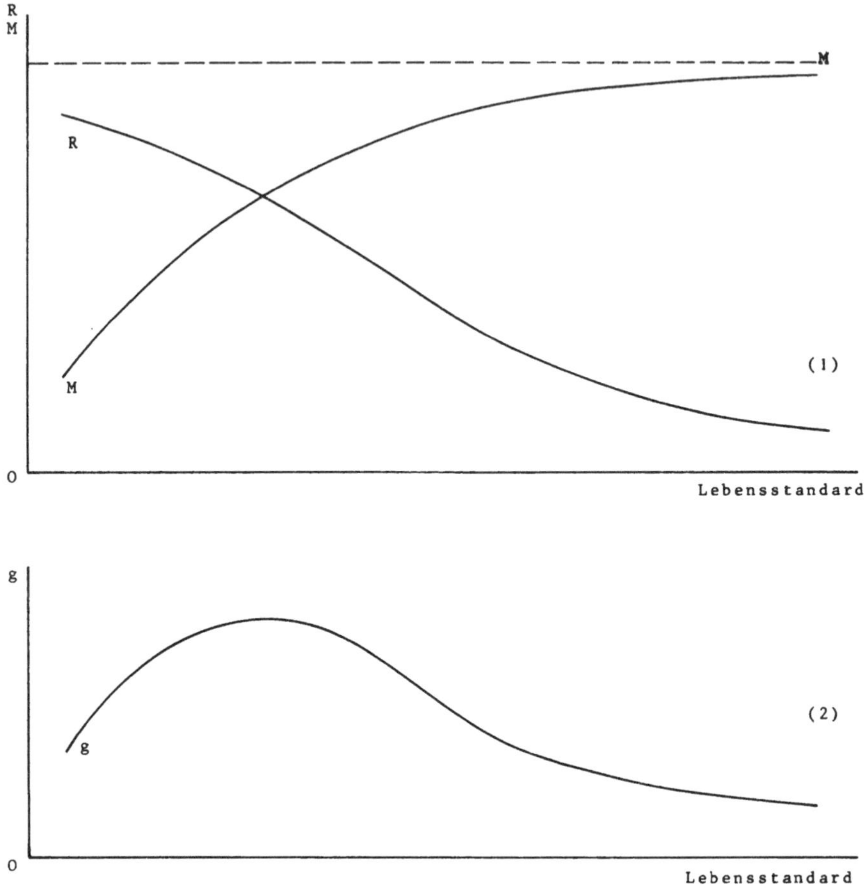

Abb. 8

Die Relation von Konsumnutzen der Kinder und dem Lebensstandard ist nicht eindeutig[17]. Der Konsumnutzen wird daher vereinfachend als konstant unterstellt. Von der Nutzenseite kann *R* folglich nur über den Kapitalnutzen beeinflußt werden. Bei niedrigem Niveau der wirtschaftlichen Entwicklung stiften Kinder einen hohen Kapitalnutzen. In dieser normalerweise landwirtschaftlich orientierten Wirtschaft können Kinder sehr früh produktiv eingesetzt werden, außerdem sind die Eltern ausschließlich oder hauptsächlich auf ihre Unterstützung bei Erwerbsunfähigkeit angewiesen.

Für Ernährung und Kleidung der Kinder fallen im bäuerlichen Familienbetrieb nur geringe Kosten an. Ausgaben für Ausbildung werden kaum getätigt. Indirekte Kosten entstehen ebenfalls nur in unwesentlichem Umfang, da die Pflege der Kin-

17 Vgl. *Leibenstein*, H., Economic Backwardness and Economic Growth, S. 162.

der die Produktionstätigkeit der Mutter in Haus, Hof und Garten nur geringfügig beeinträchtigt und die durch die Kinder verursachte Immobilität der Eltern auf dieser Entwicklungsstufe belanglos ist.

Im Zuge der wirtschaftlichen Entwicklung verliert die Familie die Eigenschaft, Produktionseinheit zu sein, und damit schwinden die Gelegenheiten des frühzeitigen produktiven Einsatzes der Kinder. Ihre Bedeutung für die Altersversorgung der Eltern nimmt ebenfalls ab, da diese Aufgaben zunehmend neuentstehende Institutionen übernehmen. Andererseits erfordern die komplizierter werdenden Lebensverhältnisse eine längere und bessere Ausbildung, so daß die direkten Kosten steigen. Auch die indirekten Kosten nehmen zu, da sich der Tätigkeitsbereich der Frauen außerhalb der Familie stark erweitert, eine externe Berufstätigkeit der Frauen und die Aufzucht mehrerer Kinder miteinander kollidieren können. Ferner kann sich bei nun veränderten Produktionsstrukturen die reduzierte Mobilität großer Familien nachteilig bemerkbar machen.

Der Nutzen der Kinder nimmt demnach mit steigendem Lebensstandard ab, während gleichzeitig die Kosten steigen. Daraus folgt, daß R eine fallende Funktion des Lebensstandards ist. In Abb. 8(1) liegt R bei niedrigem Lebensstandard über M. Dies entspricht den Befunden empirischer Untersuchungen[18].

Aus dem Verlauf von M und R kann nun die Entwicklung der Geburtenrate abgeleitet werden. $R > M$ impliziert $E_p > E_n$, d. h. die Zahl der geplanten Geburten ist größer als die maximal mögliche. Die tatsächliche Geburtenzahl wird daher nicht E_p, sondern E_n entsprechen. Mit wachsendem Lebensstandard nimmt E_n zu und folglich steigt auch - solange $R > M$ - die Geburtenzahl. $R < M$ beinhaltet die Relation $E_p < E_n$. In diesem Fall dürfte die tatsächliche Geburtenzahl in der Nähe von E_p liegen. (Dabei ist vorausgesetzt, daß bei Erreichen des Lebensstandards, bei dem R mit M übereinstimmt, die individuelle Bereitschaft und Fähigkeit vorhanden sind, Familienplanung zu praktizieren.) Das bedeutet, die Geburtenhäufigkeit ist nun eine abnehmende Funktion des Lebensstandards, denn da mit steigendem Lebensstandard sich P erhöht und R vermindert, sinkt E_p (vgl. (128)). Für die Geburtenrate g folgt aus dem beschriebenen Verlauf von R und M, daß sie mit wachsendem Lebensstandard zunächst zunimmt, dann aber fällt (vgl. Abb. 8(2)).

2.1.3. Die Entwicklung der Bevölkerungswachstumsrate und die Erwerbstätigenquote

(1) Die Wachstumsrate der Bevölkerung n ergibt sich als Differenz zwischen der Geburtenrate g und der Sterberate m. Diese sind ihrerseits - wie die obigen Ausführungen gezeigt haben - Funktionen des Lebensstandards, der hier durch die Höhe des Pro-Kopf-Konsums gemessen werden soll, denn von allen in Frage kommenden Größen ist der Pro-Kopf-Konsum am stärksten mit dem materiellen Lebensstandard korreliert:

$$n(c) = g(c) - m(c). \qquad (129)$$

---

[18] Vgl. *Tabbarah*, R. B., Towards a Theory of Demographic Development, S. 269.

Die Sterberate m nimmt mit wachsendem Pro-Kopf-Konsum c ab, während die Geburtenrate g zunächst steigt und dann sinkt. Für die Wachstumsrate der Bevölkerung $n(c)$ erhält man demnach den in Abb. 9(2) gezeichneten Verlauf. $n(c_0)$ weist den Wert null auf, c_0 entspricht also dem malthusianischen Subsistenzniveau des Lebensstandards. Allen $c > c_2$ wurde ein konstanter positiver Wert zugeordnet. Das ist eine vereinfachende Annahme. In der Realität zeigt die Geburtenrate $g(c)$ und damit auch die Wachstumsrate der Bevölkerung $n(c)$ bei hohem Lebensstandard ein unregelmäßiges Verhalten[19].

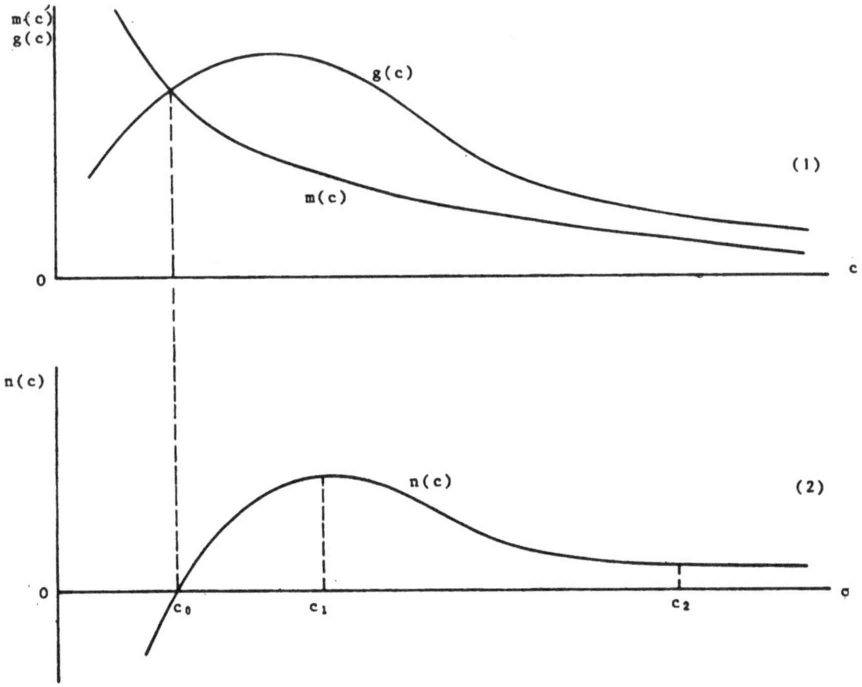

Abb. 9

Folgende Eigenschaften von $n(c)$ seien noch genannt:

$$(130) \qquad n'(c) \begin{Bmatrix} > 0 \\ = \\ < 0 \end{Bmatrix} \text{ für } \begin{Bmatrix} c < c_1 \\ c = c_1,\ c \geqq c_2 \\ c_1 < c < c_2 \end{Bmatrix}.$$

19 Auch der Verlauf der Sterberate ist a priori bei sehr hohem Lebensstandard nicht eindeutig. Sie könnte durch vermehrt auftretende Zivilisationskrankheiten wieder ansteigen.

(2) Die Identität

(131) $$n(c) = \frac{\dot{L}(t)}{L(t)}$$

führt zu der Populationsfunktion

(132) $$L(t) = L(0) \exp \int_0^t n(c(t))dt \qquad L(0) = L_0 > 0.$$

Im vorigen Kapitel repräsentierte $L(t)$ sowohl die Bevölkerungszahl als auch die Menge der eingesetzten Arbeitsleistungen. Dies ergab sich aufgrund der unterstellten konstanten Erwerbstätigenquote und einer geeigneten Wahl der Maßeinheiten. Da mit einer konstanten Wachstumsrate der Bevölkerung operiert wurde, konnte von einer unveränderten Altersstruktur der Bevölkerung ausgegangen werden, so daß die Annahme einer gegebenen Erwerbstätigenquote nicht unrealistisch war. (Unberücksichtigt blieb allerdings der Einfluß des Lebensstandards auf die Erwerbstätigenquote.)

In diesem Kapitel ist die Wachstumsrate der Bevölkerung und folglich auch die Altersstruktur der Bevölkerung variabel. Um die Wirklichkeit adäquat nachzuzeichnen, müßte auch die Erwerbstätigenquote als Variable behandelt werden. Die Beziehungen zwischen Bevölkerungswachstumsrate, Altersstruktur und Erwerbstätigenquote sind äußerst komplex[20]. Ein Einbau dieses Aspekts in das ohnehin komplizierte Optimierungsmodell scheint bislang nicht möglich zu sein[21]. Die Erwerbstätigenquote wird deshalb auch weiterhin als Konstante behandelt. Das führt zweifellos zu Verzerrungen in den Ergebnissen. Doch ist dieser Mangel bei einer ausschließlich an qualitativen Ergebnissen interessierten Untersuchung wie der vorliegenden weniger gravierend, da die grundsätzlichen Schlußfolgerungen nicht tangiert werden[22].

2.2. Sparquote und Wachstumsprozeß

2.2.1. Realisierbare Wachstumspfade

Das Standardmodell der neoklassischen Wachstumstheorie, das den Untersuchungen des ersten Kapitels zugrunde lag, soll durch den Einbau der soeben in Abschnitt 2.1. abgeleiteten Populationsfunktion modifiziert werden. Die produk-

---

20 Vgl. *Jäger*, K., Altersstrukturveränderungen der Bevölkerung, Ersparnisbildung und wirtschaftliches Wachstum, Berlin 1973.

21 *Dasgupta*, P. S., On the Concept of Optimum Population Growth, S. 316.

22 *Sato*, R. und *Niho*, J., Population Growth and the Development of a Dual Economy, S. 422.

tionstheoretischen Annahmen gelten unverändert weiter. Das jetzt betrachtete System unterscheidet sich von dem des ersten Kapitels nur darin, daß die Wachstumsrate der Bevölkerung nicht mehr als Konstante, sondern als Funktion des Pro-Kopf-Konsums auftritt. Die fundamentale Bewegungsgleichung des Wachstumsmodells hat daher folgende Gestalt:

$$(133) \qquad \begin{aligned} \dot{k} &= f(k(t)) - n(c(t))k(t) - c(t) \\ &= s(t)f(k(t)) - n([1 - s(t)]f(k(t)))k(t). \end{aligned}$$

Die Höhe des Pro-Kopf-Konsums beeinflußt jetzt die Änderung des Pro-Kopf-Kapitals in zweifacher Weise: erstens direkt, zweitens über die Höhe der Bevölkerungswachstumsrate.

Die Pro-Kopf-Produktion $f(k)$ und die Bevölkerungswachstumsrate $n(c)$ sind vorgegebene Funktionen, während der Pro-Kopf-Konsum $c(t)$ bzw. die Sparquote $s(t)$ wiederum als Instrumentvariable fungieren. Die Entwicklungspfade der Pro-Kopf-Produktion $f(k(t))$, des Pro-Kopf-Konsums $c(t)$, der Änderung des Pro-Kopf-Kapitals $\dot{k}(t)$, der Kapitalintensität $k(t)$ und der Bevölkerungswachstumsrate $n(c(t))$, aus denen man mit Hilfe von Gleichung (132) auch die Zeitpfade der Bevölkerungsgröße $L(t)$, der Investition $\dot{K}(t)$, des Kapitalstocks $K(t)$, des Volkseinkommens $Y(t)$ und des Konsums $C(t)$ gewinnen kann, lassen sich aus der Lösung der Differentialgleichung (133) ableiten. Diese Lösung hängt bei gegebenem Anfangsbestand an Pro-Kopf-Kapital $k(0) = K(0)/L(0) = k_0 > 0$ ausschließlich vom Zeitpfad der Sparquote $s(t)$ ab. Da die Zahl der denkbaren Zeitpfade der Sparquote unbegrenzt ist, existieren auch unendlich viele differierende Wachstumsverläufe. In welcher Weise die Substitution der konstanten Bevölkerungswachstumsrate n durch die Funktion $n(c)$ mit den in (130) aufgezählten Eigenschaften den Verlauf der möglichen Wachstumsprozesse beeinflußt, ist näher zu untersuchen. Die prinzipiellen Unterschiede sind am einfachsten zu erkennen, wenn man sich auf eine Gegenüberstellung gleichgewichtiger Wachstumspfade konzentriert, die zum einen unter der Voraussetzung einer konstanten Wachstumsrate der Bevölkerung, zum anderen unter der Annahme einer von der Höhe des Pro-Kopf-Konsums abhängigen Bevölkerungswachstumsrate ermittelt wurden. Ein solcher Vergleich wird im nächsten Abschnitt vorgenommen.

2.2.2. Gleichgewichtige Wachstumspfade

(1) Im Abschnitt 1.1.2. wurde dargelegt, daß bei konstanter Sparquote und konstanter Wachstumsrate der Bevölkerung ein gleichgewichtiger Wachstumspfad existiert, gegen den die Entwicklung der durch das neoklassische Wachstumsmodell charakterisierten Volkswirtschaft langfristig konvergiert. Dieser Gleichgewichtspfad ist durch eine bestimmte Höhe des Pro-Kopf-Kapitals gekennzeichnet. Die gleichgewichtige Kapitalintensität $\hat{k}$ hängt ausschließlich von den Parametern n

und s ab. Gleichgültig, von welchem Anfangswert des Pro-Kopf-Kapitals $k(0)>0$ die Wirtschaft startet, stets tendiert der Wachstumsprozeß gegen denselben Wert $\hat{k}$. Das Wachstumsgleichgewicht ist daher eindeutig und stabil.

Auch das jetzt betrachtete Wachstumsmodell, in dem die konstante Bevölkerungswachstumsrate n durch die Funktion $n(c)$ ersetzt wurde, strebt langfristig gegen einen Gleichgewichtspfad. Jedoch können nun mehrere Wachstumsgleichgewichte existieren. Welchem sich der Entwicklungspfad nähert, hängt bei gegebener Sparquote von dem Ausgangswert der Kapitalintensität $k(0)$ ab. Außerdem sind jetzt instabile Wachstumsgleichgewichte möglich. Dieser Sachverhalt soll im folgenden genauer untersucht werden.

(2) Die Gleichgewichtswerte des Pro-Kopf-Kapitals $\hat{k}$ findet man, wenn man in der fundamentalen Bewegungsgleichung des neoklassischen Wachstums (133) die Änderung der Kapitalintensität $\dot{k}$ gleich null setzt und die entstehende Bestimmungsgleichung

$$(134) \qquad \dot{k} = sf(k) - n([1 - s]f(k))k = 0$$

nach k löst. Graphisch gewinnt man alle k-Werte, die (134) erfüllen, indem man die Schnittpunkte der Funktionen der Pro-Kopf-Ersparnis $sf(k)$ und der Kosten des Bevölkerungswachstums $n((1 - s)f(k))k$ ermittelt und die zugeordneten Kapitalintensitäten feststellt (vgl. Abb. 10(5)). Um die Funktion der Kosten des Bevölkerungswachstums zeichnen zu können, muß zunächst die Wachstumsrate der Bevölkerung $n(c)$ in eine Funktion des Pro-Kopf-Kapitals transformiert werden. Dies geschieht für die Sparquote s_1 in den Abbildungen 10(1) bis 10(4). In Abb. 10(1) ist die Funktion $c = (1 - s_1)f(k)$ dargestellt, Abb. 10(2) zeigt den Zusammenhang zwischen n und c. Unter Verwendung der Abb. 10(4) wird aus diesen beiden Diagrammen die in Abb. 10(3) abgebildete Funktion $n(k)_{s_1}$ konstruiert. Multipliziert man ihre Koordinaten miteinander, erhält man die Kurve der Kosten des Bevölkerungswachstums $n(k)_{s_1} k$ der Abb. 10(5)[23]. Sie hat für $k>0$ drei Schnittpunkte mit dem Graphen der Pro-Kopf-Ersparnis $s_1 f(k)$. Die ihnen zugeordneten Kapitalintensitäten $\hat{k}_1$, $\hat{k}_2$ und $\hat{k}_3$ befriedigen die Gleichung (134) – das ist auch aus dem Phasendiagramm 10(6) ersichtlich –, sie charakterisieren also gleichgewichtige Wachstumspfade. Der Abb. 10(6) ist unmittelbar zu entnehmen, daß die Wachstumsgleichgewichte $\hat{k}_1$ und $\hat{k}_3$ stabil sind, $\hat{k}_2$ hingegen repräsentiert ein instabiles Gleichgewicht: jede noch so kleine Abweichung von $\hat{k}_2$ löst eine Bewegung aus, die von $\hat{k}_2$ wegführt. Für alle Anfangswerte des Pro-Kopf-Kapitals $k(0) = k_0$, $0<k_0<\hat{k}_2$, konvergiert das System gegen $\hat{k}_1$, wobei die Wirtschaft für alle $k_0<\hat{k}_1$

---

[23] Da ein Koordinatengeber nicht zur Verfügung stand, wurden in allen Abbildungen dieses Kapitels die bei Kurvenkonstruktionen benötigten Koordinatenwerte manuell ermittelt. Kleinere Ungenauigkeiten einzelner Kurvenverläufe sind daher nicht auszuschließen.

wächst, für alle k_0, $\hat{k}_1 < k_0 < \hat{k}_2$, schrumpft. Startet die betrachtete Volkswirtschaft von Werten des Pro-Kopf-Kapitals, die größer sind als $\hat{k}_2$, dann tendiert der Entwicklungsprozeß stets gegen $\hat{k}_3$. Er verläuft expansiv für alle k_0, $\hat{k}_2 < k_0 < \hat{k}_3$, und kontraktiv für alle $k_0 > \hat{k}_3$.

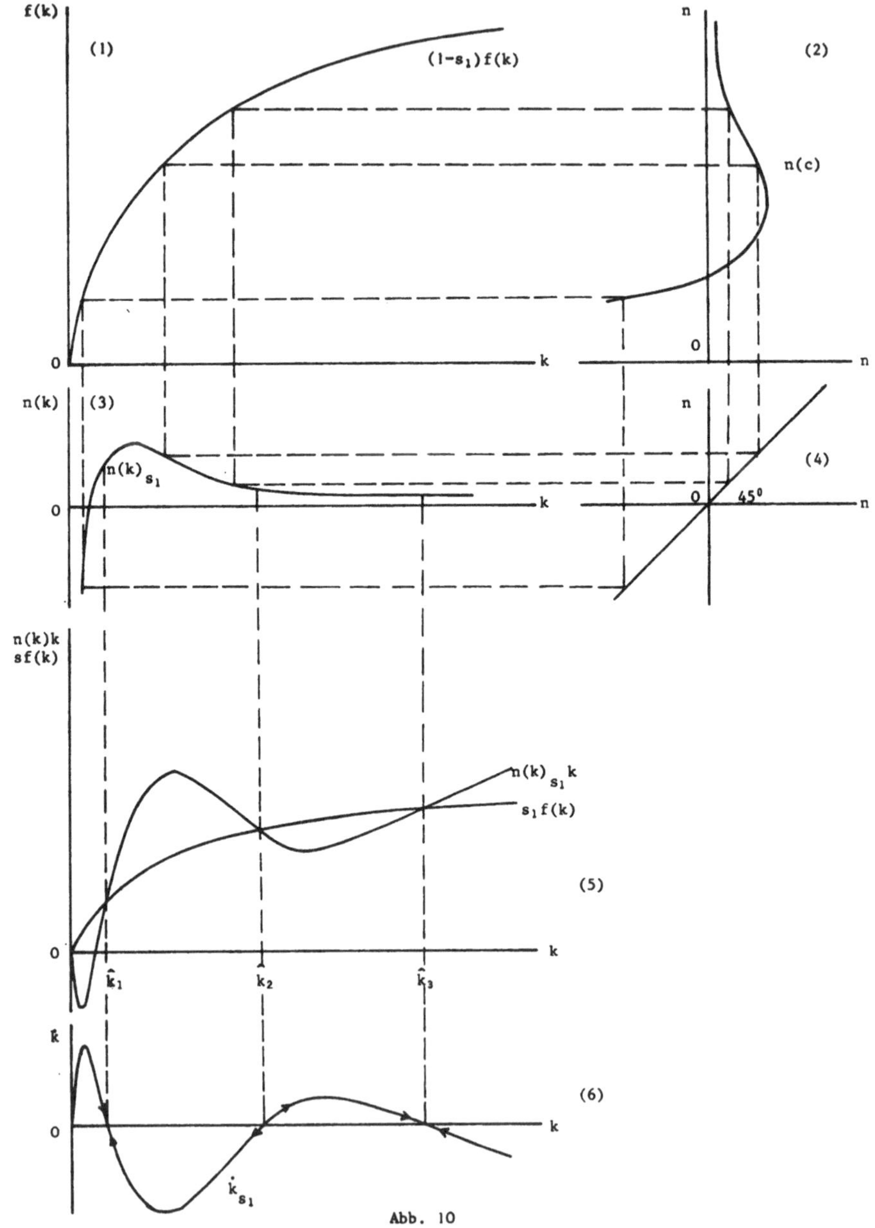

Abb. 10

Da auf einem Gleichgewichtspfad die Kapitalintensität $k = K/L$ konstant ist, entspricht die gleichgewichtige Wachstumsrate des Systems stets der Rate des Bevölkerungswachstums. Diese kann bei gegebener Sparquote als Funktion des Pro-Kopf-Kapitals aufgefaßt werden (siehe Abb. 10(3)). Die Geschwindigkeit, mit der die Wirtschaft auf den drei Gleichgewichtspfaden - gekennzeichnet durch die Kapitalintensitäten $\hat{k}_1$, $\hat{k}_2$ und $\hat{k}_3$ - fortschreitet, ist daher unterschiedlich.

(3) Das Intervall $(\hat{k}_1, \hat{k}_2)$ wird zuweilen „malthusianische Bevölkerungsfalle“ genannt, da jede Erhöhung des Kapitalstocks, die zu einem k, $\hat{k}_1 < k < \hat{k}_2$, führt, eine derart starke Bevölkerungszunahme induziert, daß letztendlich die Kapitalintensität wieder auf den Gleichgewichtswert $\hat{k}_1$ absinkt. Diese Zusammenhänge bilden einen Teil der theoretischen Grundlage der Entwicklungsstrategie des "critical minimum effort" oder "big push"[24].

(4) Wie man Abb. 11(5) entnehmen kann, ist die Existenz multipler Gleichgewichte keineswegs zwingend. Bei genügend kleiner oder ausreichend großer Sparquote ist auch jetzt ein eindeutiges stabiles Gleichgewicht möglich. In Abb. 11 ist dies für die Sparquote s_0 und s_2 der Fall. Für diese beiden Sparquoten verlaufen die Graphen der Pro-Kopf-Ersparnis $sf(k)$ und der Kosten des Bevölkerungswachstums $n(k)k$ dergestalt, daß es jeweils nur zu einem einzigen Schnittpunkt kommt. Der durch ihn bestimmte Gleichgewichtspfad ist stabil (vgl. $\hat{k}_{s_0}$ und $\hat{k}_{s_2}$ in Abb. 11(5) und Abb. 11(6)).

Zwei weitere wichtige Aspekte werden aus Abb. 11(5) erkennbar. Ein Vergleich der den drei Sparquoten s_0, s_1, s_2 - $s_0 < s_1 < s_2$ - zugeordneten gleichgewichtigen Kapitalintensitäten (für s_1 wird der größte Wert angeführt) beweisen, daß im Gegensatz zum Standardmodell des neoklassischen Wachstums die Gleichgewichtswerte des Pro-Kopf-Kapitals keine monoton steigende Funktion der Sparquote sind, denn $\hat{k}_{s_0} < \hat{k}_{s_2} < \hat{k}_{s_1}$. Ferner beeinflußt die Sparquote nicht allein das Niveau des Entwicklungsprozesses, sondern darüber hinaus determiniert s auch die gleichgewichtige(n) Wachstumsrate(n) des Gesamtsystems. Die gleichgewichtige(n) Wachstumsrate(n) entspricht (entsprechen) zwar nach wie vor der Wachstumsrate der Bevölkerung, diese aber ihrerseits hängt von der Höhe der Sparquote s ab.

Ein vollständiges Bild dieser Zusammenhänge bietet Abb. 12. Hier werden die Beziehungen zwischen den gleichgewichtigen Kapitalintensitäten und der Sparquote sowie zwischen s und den Gleichgewichtswachstumsraten des Systems, d. h. die Relationen $\hat{k}(s)$ und $\hat{n}(s)$, dargestellt.

---

24 Vgl. dazu *Nelson*, R. R., A Theory of Low Level Equilibrium Trap in Underdeveloped Countries; *Leibenstein*, H., Economic Backwardness and Economic Growth, S. 187 ff.; *Myint*, H., The Economics of Developing Countries, London 1964, S. 103 ff.; *Gray*, P. und *Tangri*, S., Economic Development and Population Growth, A Conflict?, S. 32 f.

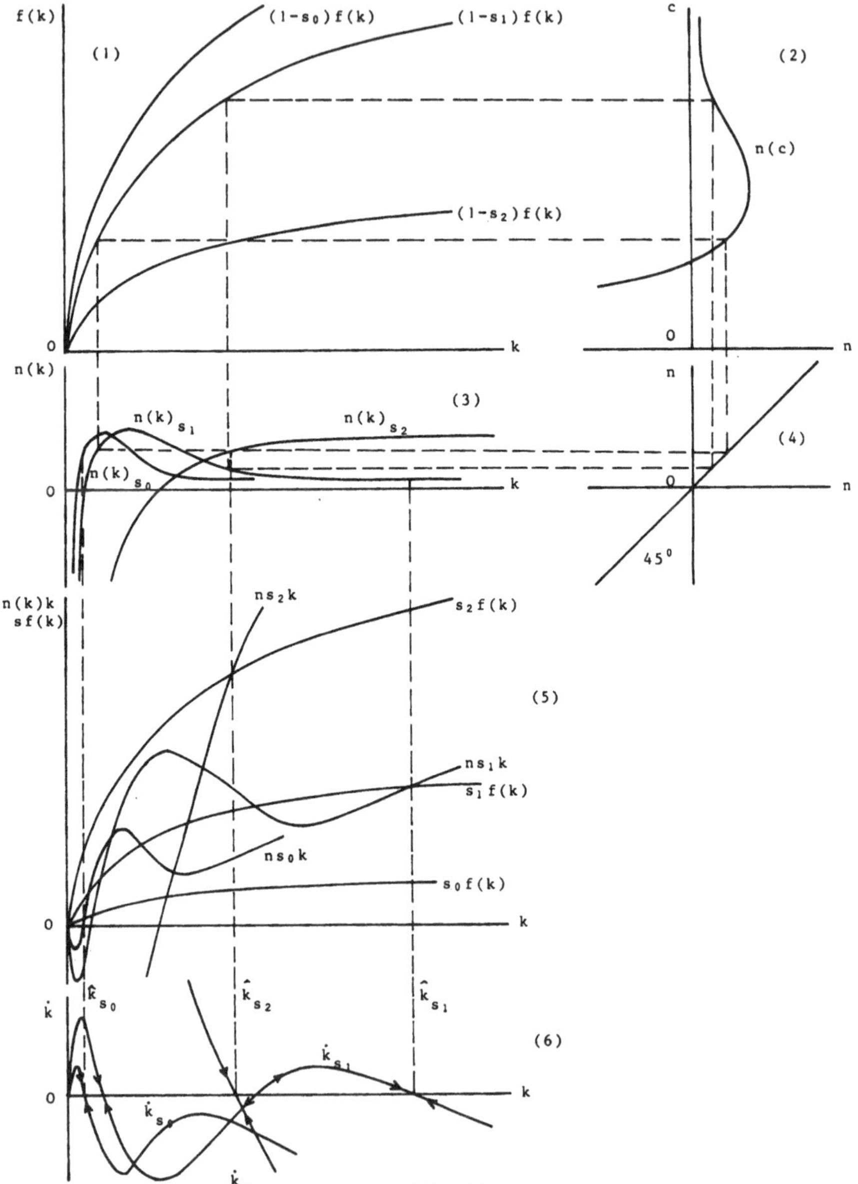
f(k)
(1)
(1-s0)f(k)
(1-s1)f(k)
(1-s2)f(k)
0
k
c
(2)
n(c)
0
n
n(k)
(3)
n(k)s1
n(k)s2
n(k)s0
0
k
n
(4)
0
n
45°
n(k)k
sf(k)
ns2k
s2f(k)
(5)
ns1k
s1f(k)
ns0k
s0f(k)
0
k
k̂s0
k̂s2
k̂s1
k̇
(6)
k̇s1
0
k
k̇s0
k̇s2

Abb. 11

Um $\hat{k}(s)$ und $\hat{n}(s)$ zu ermitteln, ist es naheliegend, von der Gleichgewichtsbedingung

$$sf(k) - n([1 - s]f(k))k = 0 \tag{135}$$

auszugehen. Mit ihrer Hilfe lassen sich die Graphen $\hat{k}(s)$ und $\hat{n}(s)$ aus den Graphen der Produktionsfunktion und der Funktion der Bevölkerungswachstumsrate konstruieren. Das geschieht in zwei Schritten. Zunächst ermittelt man für jeden Wert der Kapitalintensität k die Höhe des Pro-Kopf-Konsums c, welche diese Kapitalintensität zu einer gleichgewichtigen macht, d. h. man bestimmt $\hat{c}(k)$. Daraus kann man dann die Relation $\hat{k}(s)$ sowie $\hat{n}(s)$ ableiten.

Zu diesem Zweck wird die Gleichgewichtsbedingung (135) in der folgenden Form geschrieben

$$\frac{f(k)}{k} - \frac{1}{k}\, c = n(c). \tag{136}$$

Auf der rechten Seite von (136) steht die in Abb. 12(2) eingezeichnete Funktion der Bevölkerungswachstumsrate, deren Argument der Pro-Kopf-Konsum c ist. Für gegebenes k ist die linke Seite von (136) ebenfalls eine Funktion von c. Ihr Graph stellt eine Gerade dar, die man aus Abb. 12(1) erhält, indem man c das Intervall $(0, f(k))$ durchlaufen läßt. Jedes k erzeugt eine derartige Gerade; einige von ihnen sind in Abb. 12(2) abgebildet. Alle Schnittpunkte dieser Geraden mit der Kurve $n(c)$ definieren ein Wertepaar (k, c), das die Gleichgewichtsbedingung (135) befriedigt. Die Gesamtheit dieser Wertepaare konstituiert die in Abb. 12(1) dargestellte Relation $\hat{c}(k)$, die aus zwei getrennten Kurvenzügen besteht. Im Intervall $(0, k')$ und für $k > k''$ ist die Relation $\hat{c}(k)$ eindeutig, im Bereich (k', k'') dreideutig. Dieser Verlauf ist auf die unterstellte Form der Funktion der Bevölkerungswachstumsrate $n(c)$ zurückzuführen. Wenn $n(c)$ mit steigendem Pro-Kopf-Konsum c langsamer fiele und eine bestimmte untere Schranke nicht unterschritte, wäre die Funktion des Gleichgewichtskonsums $\hat{c}(k)$ für alle Kapitalintensitäten eindeutig; dann würden nämlich die Geraden $f(k) - (1/k)c$ die Funktion $n(c)$ nur einmal schneiden.

Aus der Funktion des Gleichgewichtskonsums $\hat{c}(k)$ und der Pro-Kopf-Produktionsfunktion $f(k)$ kann man die Relation $\hat{s}(k) = (f(k) - \hat{c}(k))/f(k)$ ableiten (vgl. Abb. 12(3)). Die Relation $\hat{s}(k)$ ordnet jeder Kapitalintensität den Wert bzw. die Werte der Sparquote zu, welche die jeweilige Kapitalintensität zu einer gleichgewichtigen machen. Die Abbildungen 12(1), 12(2) und 12(3) liefern alle notwendigen Informationen zur Darstellung von $\hat{n}(s)$ in Abb. 12(4). Die geschlossenen und offenen Kurvenzüge $\hat{c}(k)$, $\hat{s}(k)$ und $\hat{n}(s)$ entsprechen jeweils einander.

Die Konstruktion der Abb. 12 vermittelt eine Reihe interessanter Einsichten. Aus den Abbildungen 13(3) und 13(4), die mit den Abbildungen 12(3) und 12(4) identisch sind, wird deutlich, daß jeweils drei Gleichgewichtswerte von k und n existieren für jede Sparquote aus dem Intervall (s', s'') (vgl. die Schnittpunkte der Horizontalen s_1 mit den Kurven $\hat{s}(k)$ und $\hat{n}(k)$).

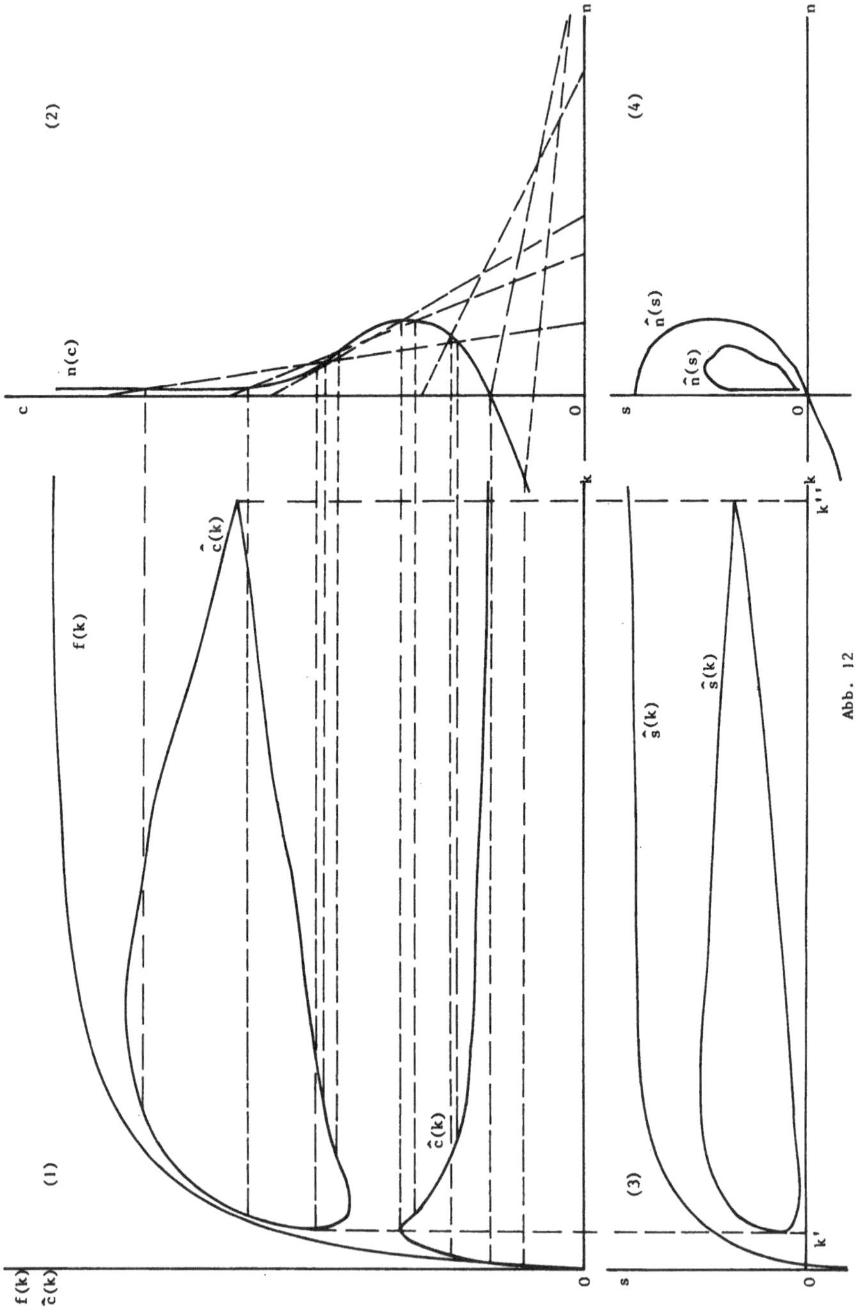

Abb. 12

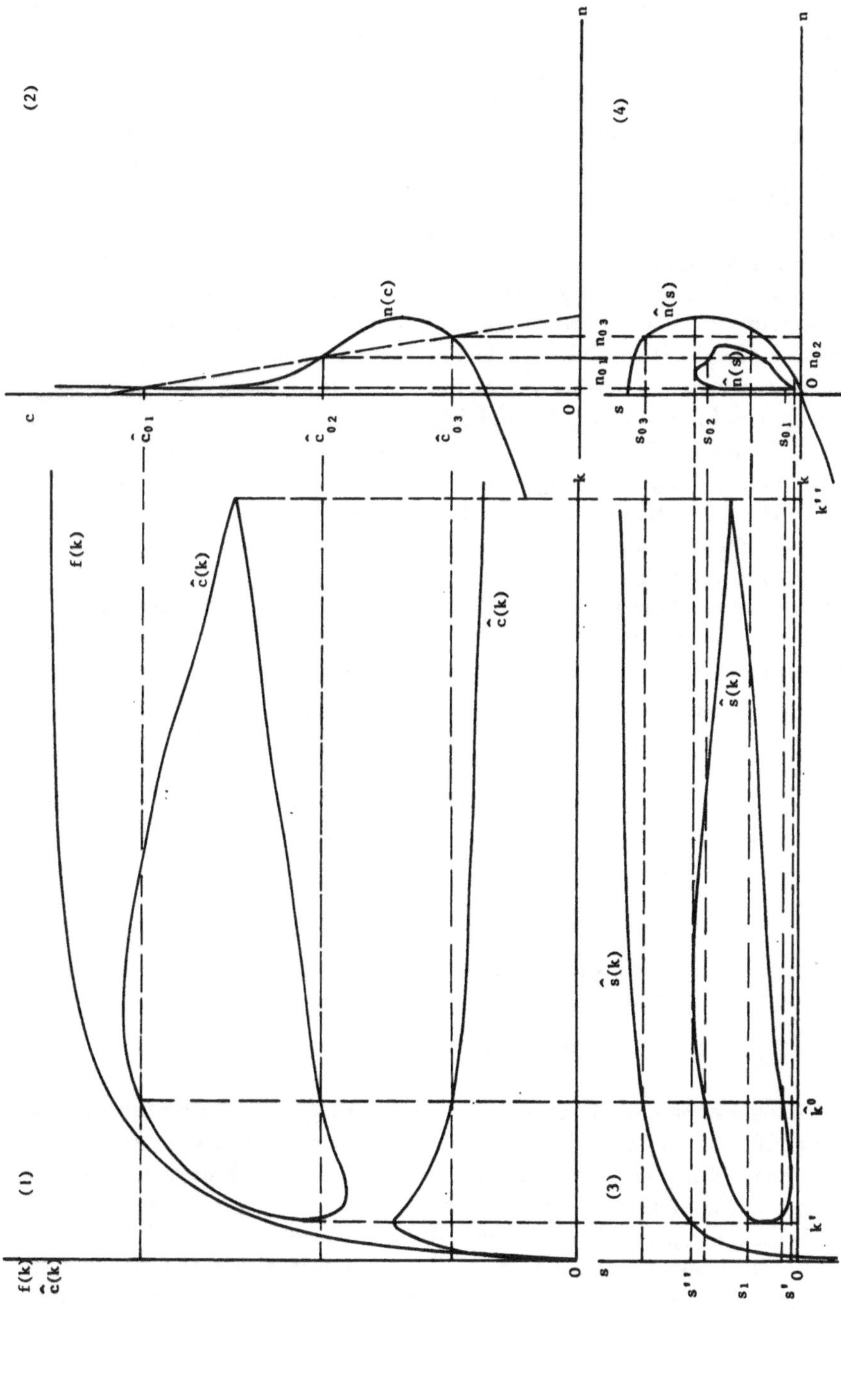
(1)
(2)
(3)
(4)
f(k)
ĉ(k)
n(c)
n̂(s)
ŝ(k)
c
s
n
k
O
$\hat{c}_{01}$
$\hat{c}_{02}$
$\hat{c}_{03}$
n_{01}
n_{02}
n_{03}
s_{01}
s_{02}
s_{03}
s_1
s'
s''
k'
k''
$\hat{k}^0$

Abb. 13

Abb. 13(3) zeigt ferner, daß jede Kapitalintensität aus dem Intervall (k', k'') von drei differierenden Sparquoten zu einer gleichgewichtigen gemacht werden kann. Jedem dieser s-Werte ist eine bestimmte gleichgewichtige Wachstumsrate der Bevölkerung zugeordnet (vgl. Abb. 13(4)). Einem gegebenen Gleichgewichtswert des Pro-Kopf-Kapitals $\hat{k}$ können daher drei unterschiedliche Wachstumsrate entsprechen. Dieser zunächst widersprüchlich erscheinende Sachverhalt läßt sich mit Hilfe der Abb. 13 am Beispiel der Kapitalintensität $\hat{k}^0$ leicht plausibel machen. $\hat{k}^0$ ist den Sparquoten s_{01}, s_{02} und s_{03}, $s_{01} < s_{02} < s_{03}$, als gleichgewichtige Kapitalintensität attachiert. Wird $\hat{k}^0$ mit der niedrigsten dieser Sparquoten s_{01} realisiert, so ist der gleichgewichtige Pro-Kopf-Konsum $\hat{c}_{01}$ sehr hoch (vgl. die Abbildungen 13(1) und 13(3)) und folglich die gleichgewichtige Wachstumsrate der Bevölkerung $\hat{n}_{01}$ gering (Abb. 13(2) und Abb. 13(4)). Die Kapitalintensität bleibt konstant, weil sowohl der Kapitalstock K als auch die Bevölkerung L mit demselben geringen Prozentsatz zunehmen. Der größeren Sparquote s_{02} entspricht der niedrigere gleichgewichtige Pro-Kopf-Konsum $\hat{c}_{02}$, und diesem die höhere Bevölkerungswachstumsrate $\hat{n}_{02}$. Wegen der Zunahme der Sparquote wächst auch der Kapitalstock K schneller, die höhere Wachstumsrate der Bevölkerung und die des Kapitalstocks kompensieren sich, $k(t) = K(t)/L(t)$ verharrt daher auf dem Niveau $\hat{k}^0$. Die höchste Sparquote s_{03} erlaubt nur den geringen Pro-Kopf-Konsum $\hat{c}_{03}$. Die Investition $\dot{K}$ hingegen ist höher als bei Durchsetzung der Sparquoten s_{02} und s_{01}. Da aber auch die zu dem gleichgewichtigen Pro-Kopf-Konsum c_{03} gehörende Wachstumsrate der Bevölkerung $\hat{n}_{03}$ die Raten $\hat{n}_{01}$ und $\hat{n}_{02}$ übersteigt, kann auch jetzt wieder der Kapitalbestand pro Kopf der Bevölkerung konstant auf dem Wert $\hat{k}^0$ gehalten werden.

Betrachtet man schließlich noch einen vertikalen Schnitt durch das Koordinatensystem 13(4), so sieht man, daß dieselbe gleichgewichtige Wachstumsrate der Bevölkerung, der die gleichgewichtige Fortschrittsrate des Gesamtsystems entspricht, von mehreren differierenden Sparquoten erzeugt werden kann. Jede dieser Sparquoten ist natürlich mit einem anderen gleichgewichtigen Pro-Kopf-Kapitalbestand verbunden (vgl. Abb. 13(3)).

2.3. Optimale Wachstumspfade

2.3.1. Nutzenmaximierende Gleichgewichtspfade

(1) Bei konstanter Wachstumsrate der Bevölkerung existiert ein eindeutiger und stabiler Gleichgewichtspfad, der von allen denkbaren gleichgewichtigen Entwicklungsverläufen den höchsten Pro-Kopf-Konsum aufweist. Er ist dadurch gekennzeichnet, daß auf ihm die Grenzproduktivität des Kapitals der Wachstumsrate der Bevölkerung entspricht. Die Sparquote, die ihn realisiert, erfordert eine Investition in Höhe des Zinseinkommens, falls eine Entlohnung der Produktionsfaktoren nach dem Grenzprodukt erfolgt. Dies ist der Inhalt des neoklassischen Theorems (vgl. Abschnitt 1.1.3.).

Die Frage liegt nahe, ob dieselben oder ähnliche Aussagen auch bei einer von der Höhe des Pro-Kopf-Konsums abhängigen Bevölkerungswachstumsrate gelten. Zu ihrer Beantwortung soll zunächst untersucht werden, welchen Bedingungen ein konsumniveaumaximaler Gleichgewichtspfad im modifizierten Modell genügen müßte. (Die abzuleitenden Bedingungen gelten allgemeiner für jeden nutzenmaximierenden Gleichgewichtspfad, da bei unterstelltem positiven Grenznutzen des Pro-Kopf-Konsums das Nutzenmaximum stets mit dem Konsummaximum identisch ist.) Daran anschließend wird die Existenz, Eindeutigkeit und Stabilität derartiger Pfade geprüft.

(2) Die den konsummaximierenden Gleichgewichtspfad charakterisierenden Bedingungen lassen sich mit Hilfe des Lagrange-Verfahrens zur Optimierung unter Nebenbedingungen ermitteln. Denn die Aufgabe, das Maximum der Funktion des gleichgewichtigen Pro-Kopf-Konsums $\hat{c}(s)$ bzw. $\hat{c}(k)$ zu bestimmen, ist dem Problem, die Funktion

$$c = [1 - s]f(k) \tag{137}$$

unter der Nebenbedingung

$$sf(k) - n([1 - s]f(k))k = 0 \tag{138}$$

zu maximieren, äquivalent. Differenziert man die Lagrange-Gleichung

$$V = [1 - s]f(k) + \lambda\{sf(k) - n([1 - s]f(k))k\} \tag{139}$$

partiell nach s, k und λ, und setzt man die Ergebnisse gleich null, so entsteht das folgende Gleichungssystem:

$$\begin{aligned} \frac{\partial V}{\partial s} &= -f + \lambda[f + fkn'] = 0 \\ \frac{\partial V}{\partial k} &= [1 - s]f' + \lambda\{sf' - [1 - s]f'kn' - n\} = 0 \\ \frac{\partial V}{\partial \lambda} &= sf - nk = 0. \end{aligned} \tag{140}$$

Daraus erhält man für die optimalen Werte der Sparquote $\hat{s}$ und des Pro-Kopf-Kapitals $\hat{k}$ folgende Relationen

$$\hat{s} = \frac{\hat{k}n(\hat{c})}{f(\hat{k})} = \frac{\hat{k}f'(\hat{k})}{f(\hat{k})} \tag{141}$$

$$f'(\hat{k}) = n(\hat{c}). \tag{142}$$

Auch bei konsumabhängigem Bevölkerungswachstum hat auf dem optimalen Gleichgewichtspfad die Grenzproduktivität des Kapitals denselben Wert wie die Wachstumsrate der Bevölkerung und die Sparquote ist gleich der Produktionselastizität des Kapitals. Bei Entlohnung der Produktionsfaktoren mit ihrem Grenzprodukt entspricht die optimale Sparquote $\hat{s}$ auch der Zinseinkommensquote.

(3) Falls es einen konsumniveaumaximierenden Gleichgewichtspfad gibt, muß er die Bedingung (142) befriedigen. Ob ein Gleichgewichtspfad mit dieser Eigenschaft auch tatsächlich existiert, ist eine andere Frage. Bei den hier gemachten produktions- und bevölkerungstheoretischen Annahmen ist dies jedoch der Fall. Die Relation $n(\hat{c}(k))$, deren Graph aus den Abbildungen 12(1) und 12(2) abgeleitet und in Abb. 14 eingezeichnet wurde, schneidet die Kurve $f'(k)$ dreimal.

Es existiert somit nicht nur ein Gleichgewichtspfad, auf dem die Grenzproduktivität des Kapitals und die Bevölkerungswachstumsrate übereinstimmen, sondern es gibt deren drei: $\{\hat{k}_1, \hat{n}_1\}, \{\hat{k}_2, \hat{n}_2\}, \{\hat{k}_3, \hat{n}_3\}$. Daraus kann aber noch nicht gefolgert werden, daß die Lösung des vorliegenden Optimierungsproblems mehrdeutig ist. $f'(\hat{k}) = n(\hat{c})$ ist nämlich lediglich eine notwendige Bedingung für ein Maximum; hinreichend wird sie erst, wenn gleichzeitig gilt[25]

$$(143) \qquad \begin{vmatrix} \frac{\partial^2 V}{\partial s^2} & \frac{\partial^2 V}{\partial k \partial s} & \frac{\partial^2 V}{\partial \lambda \partial s} \\ \frac{\partial^2 V}{\partial s \partial k} & \frac{\partial^2 V}{\partial k^2} & \frac{\partial^2 V}{\partial \lambda \partial k} \\ \frac{\partial^2 V}{\partial s \partial \lambda} & \frac{\partial^2 V}{\partial k \partial \lambda} & \frac{\partial^2 V}{\partial \lambda^2} \end{vmatrix} > 0.$$

Die Berechnung dieser Hesseschen Determinante in allgemeiner Form führt auf einen sehr komplexen Ausdruck, von dem nicht mehr gesagt werden kann, ob er dem Kriterium (143) genügt. Die drei Gleichgewichtspfade $\{\hat{k}_1 \hat{n}_1\}$, $\{\hat{k}_2, \hat{n}_2\}$ und $\{\hat{k}_3, \hat{n}_3\}$ sollen daher graphisch auf ihre Maximumeigenschaft überprüft werden. Dazu stellt man die Kurven $n(\hat{c}(k))$ und $f'(k)$ der Abb. 14 sowie die $\hat{c}(k)$-Relation der Abb. 12(1) einander gegenüber. Dies geschieht in den Abbildungen 15(1) und 15(2). Ordnet man den in Abb. 15(2) ermittelten gleichgewichtigen Kapitalintensitäten $\hat{k}_1$, $\hat{k}_2$ und $\hat{k}_3$ die entsprechenden Werte des gleichgewichtigen Pro-Kopf-Konsums $\hat{c}_1$, $\hat{c}_2$ und $\hat{c}_3$ der Abb. 15(1) zu, so erkennt man unmittelbar, daß $\{\hat{k}_3, \hat{n}_3\}$ der Gleichgewichtspfad mit dem absoluten Maximum des Pro-Kopf-Konsums ist. $\{\hat{k}_1, \hat{n}_1\}$ liefert ein relatives Maximum und $\{\hat{k}_2, \hat{n}_2\}$ ein relatives Minimum des Pro-Kopf-Konsums in bezug auf die gleichgewichtigen Wachstumspfade.

Die Goldene Regel bleibt also auch im modifizierten Modell unverändert gültig, doch reicht sie wegen der Existenz multipler Gleichgewichte nicht aus, um den optimalen Gleichgewichtspfad zu isolieren.

---

25 Vgl. *Stöwe*, Heinz und *Härtter*, Erich, Lehrbuch der Mathematik für Volks- und Betriebswirte, Göttingen 1972, S. 131 ff.

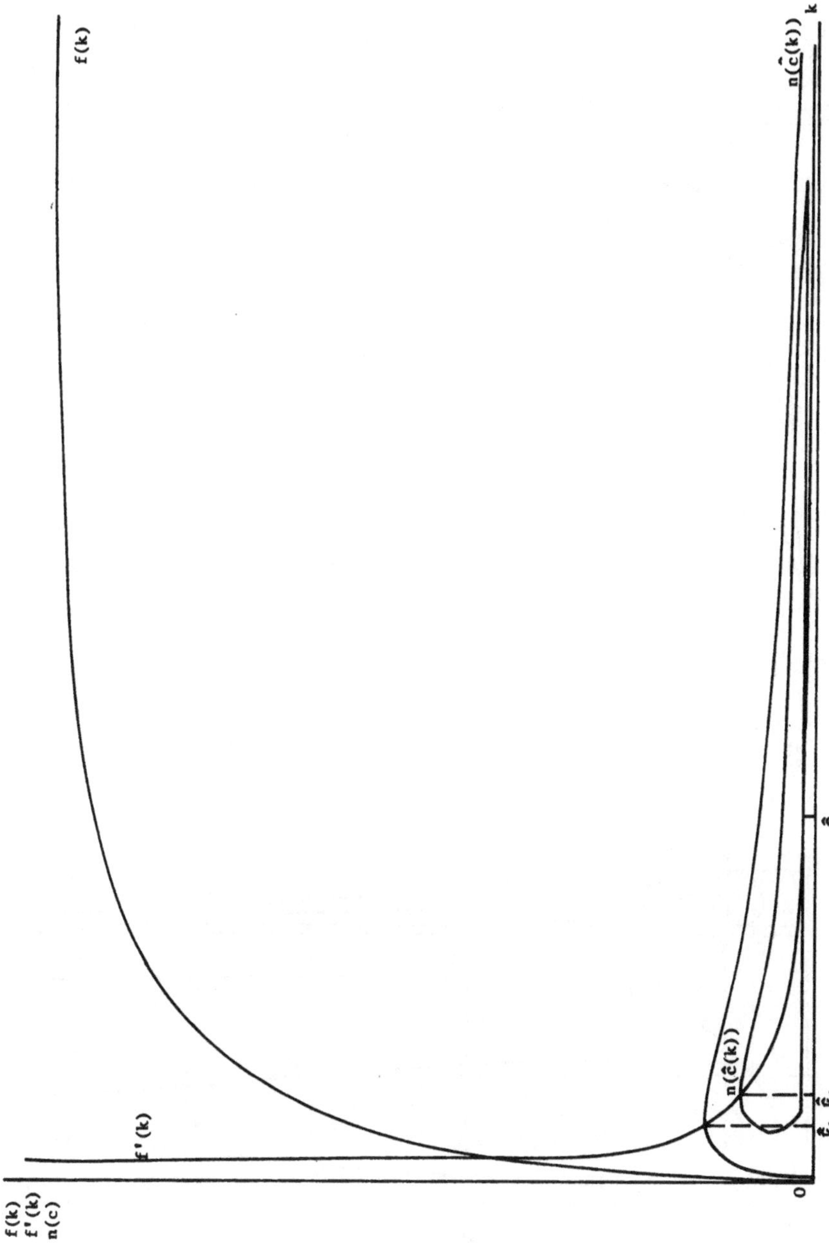

Abb. 14

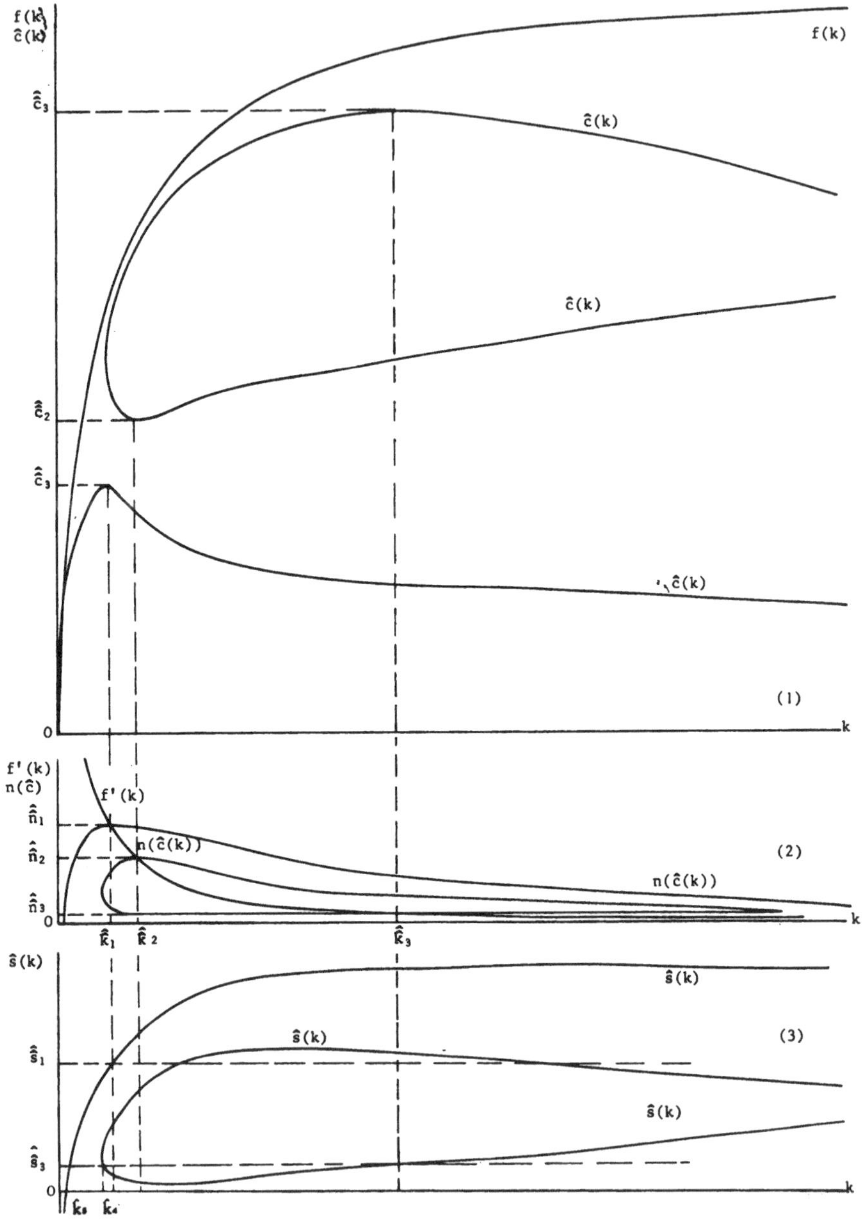

Abb. 15

(4) In Abschnitt 1.1.3.(2) wurde ausgeführt, daß die Goldene Regel keine Leitmaxime wirtschaftspolitischen Handelns sein kann. Die dort vorgebrachten Argumente sprechen auch gegen ihre Anwendung im Falle einer mit der Höhe des Lebensstandards variierenden Bevölkerungswachstumsrate. Jedoch wird jetzt die wirtschaftspolitische Relevanz dieser Regel wegen der Möglichkeit multipler Gleichgewichte noch weiter reduziert. Denn war im Standardmodell wenigstens sichergestellt, daß bei Realisierung der der Goldenen Regel entsprechenden Sparquote $\hat{s} = \hat{k}f'(\hat{k})/f(\hat{k})$ das System langfristig gegen $\hat{k}$ konvergiert[26], falls die Anfangskapitalintensität $k(0)$ von der optimalen $\hat{k}$ abweicht, so braucht dies nicht mehr zuzutreffen.

Es ist oben demonstriert worden, daß einer bestimmten Sparquote drei verschiedene gleichgewichtige Kapitalintensitäten zugeordnet sein können (vgl. Abb. 10). Falls nicht zufällig $k(0)$ einem dieser Werte entspricht, hängt es von der Größe der Anfangskapitalintensität ab, ob der niedrigste oder der größte gleichgewichtige Wert des Pro-Kopf-Kapitals angestrebt wird; der mittleren Kapitalintensität kann sich das System niemals nähern, da sie stets ein instabiles Gleichgewicht repräsentiert (vgl. das Phasendiagramm der Abb. 10(6)).

Das hat folgende Konsequenzen für eine im Sinne des neoklassischen Theorems optimale Wachstumspolitik: Will man den Gleichgewichtspfad mit dem absoluten Maximum des Pro-Kopf-Konsums realisieren, müßte die der Goldenen Regel entsprechende Sparquote $\hat{s}_3 = \hat{k}_3 f'(\hat{k}_3)/f(\hat{k}_3)$ durchgesetzt werden. Falls $k(0) \neq \hat{k}_3$, bewegt sich das System bei Verwirklichung dieser Spar- und Investitionsquote aber nur dann in Richtung $\hat{k}_3$, wenn $k(0) > \hat{k}_4$ (vgl. Abb. 15(3)). $\hat{k}_4$ ist die Kapitalintensität des instabilen Gleichgewichts, das nur bei einer Anfangskapitalintensität $k(0) = \hat{k}_4$ erreicht wird. Ist $k(0) < \hat{k}_4$, dann entsteht eine Tendenz gegen die Kapitalintensität $\hat{k}_5$. $\hat{k}_5$ repräsentiert aber eine total inferiore Situation. Muß man die Sparquote als parametrische Konstante betrachtet werden, stellt $\hat{c}_1$ den höchstmöglichen Pro-Kopf-Konsum dar, wenn $k(0) < \hat{k}_4$. Er wird auf dem Gleichgewichtspfad $\{\hat{k}_1, \hat{n}_1\}$ erzielt, auf den der Wachstumsprozeß langfristig einmündet, wenn man die Sparquote $\hat{s}_1 = \hat{k}_1 f'(\hat{k}_1)/f(\hat{k}_1)$ verwirklicht.

2.3.2. Generelle wohlstandsmaximierende Wachstumspfade

(1) Die Unterstellung, die Sparquote sei nur im Planungszeitpunkt variierbar und müsse dann für alle Zeiten auf dem gewählten Niveau verharren, ist äußerst restriktiv und wirklichkeitsfremd. Sie wird daher aufgegeben. An ihre Stelle tritt die Annahme, man könne s jederzeit jeden beliebigen Wert aus einem bestimmten Intervall zuweisen. Wie sieht in diesem Fall im Planungszeitpunkt die Wachstumsstrategie einer Volkswirtschaft aus, deren Bevölkerungswachstumsrate eine Funktion des Pro-Kopf-Konsums ist und die – ausgehend von einem überkommenen

---

[26] Der Anpassungspfad ist aber nicht optimal, wenn auch Pfade mit variierender Sparquote zur Wahl stehen.

Kapitalbestand pro Kopf der Bevölkerung - den gesellschaftlichen Wohlstand maximieren möchte? Dieses Optimierungsproblem soll im Rahmen des Diskontierungsansatzes untersucht werden; Indikator des gesellschaftlichen Wohlstands ist also das Funktional $\int_0^\infty e^{-rt}U(c)dt$.

(2) Es wird wiederum unterstellt, die gesellschaftliche Nutzenfunktion $U(c)$ weise einen positiven, aber abnehmenden Grenznutzen auf ($U'(c)>0$, $U''(c)<0$). Die Investitionen seien irreversibel, d. h., der Pro-Kopf-Konsum c kann die Pro-Kopf-Produktion $f(k)$ nicht überschreiten, die Sparquote s somit nicht negativ werden. Nach oben ist die Sparquote durch die Bedingung $s\leq 1$ unbegrenzt, da der Pro-Kopf-Konsum c nicht negativ sein kann. Die Schranke $s\leq 1$ wird aber wegen der zusätzlichen Annahme $\lim_{c\to 0} U'(c) = \infty$ auf einem optimalen Pfad niemals effektiv (vgl. zu diesen Annahmen Abschnitt 1.3.1.(1)).

Die Aufgabenstellung verlangt, denjenigen Wachstumspfad zu ermitteln, der das Funktional

$$\int_0^\infty e^{-rt}U(c)dt \tag{144}$$

maximiert unter den Nebenbedingungen

$$\dot{k} = f(k) - n(c)k - c, \qquad k(0) = k_0 > 0, \qquad c \leq f(k). \tag{145}$$

Es handelt sich um ein sinnvoll gestelltes Problem, da das Integral (144) konvergiert und ein Maximum tatsächlich existiert. Die Beweise dafür sind identisch mit denen im ersten Kapitel.

Die Lösung dieser Optimierungsaufgabe läßt sich wiederum mit Hilfe des Pontrjaginschen Maximum-Prinzips finden. Danach muß der wohlstandsmaximierende Wachstumspfad folgende Gleichungen befriedigen

$$H = e^{-rt}U(c) + e^{-rt}p[f(k) - n(c)k - c] \tag{146}$$

$$\frac{dk}{dt} = \frac{\partial H}{\partial(e^{-rt}p)} \tag{147}$$

$$\dot{k} = f(k) - n(c)k - c \qquad k(0) = k_0 > 0$$

$$\frac{d(e^{-rt}p)}{dt} = -\frac{\partial H}{\partial k} \tag{148}$$

$$\dot{p}e^{-rt} - re^{-rt}p = -e^{-rt}p[f'(k) - n(c)]$$

$$\dot{p} = -p[f'(k) - n - r]$$

(149) $$\frac{\partial H}{\partial c} = e^{-rt}\{U' - p[1 + n'k]\} = 0 \qquad \text{für alle } t.$$

$$U' = p[1 + n'k].$$

Differenziert man (149) logarithmisch nach t, so erhält man

(150) $$\frac{\dot{p}}{p} = \frac{U''}{U'}\dot{c} - \frac{n''k\dot{c} + n'\dot{k}}{1 + n'k}$$

$$= \dot{c}\left[-\frac{\sigma(c)}{c} - \frac{n''k}{1 + n'k}\right] - \frac{n'\dot{k}}{1 + n'k}$$

Unter Berücksichtigung von (148) ergibt sich daraus

(151) $$f' - n - r = \dot{c}\left[\frac{\sigma(c)}{c} + \frac{n''k}{1 + n'k}\right] + \frac{n'\dot{k}}{1 + n'k}$$

oder

(152) $$\dot{c} = \frac{\{[1 + n'k][f' - n - r] - n'\dot{k}\}c}{\sigma(c)[1 + n'k] + cn''k}$$

(147) und (152) bilden ein Differentialgleichungssystem erster Ordnung, unter dessen Lösungen sich der optimale Wachstumspfad befinden muß. Um eine partikulare Lösung bestimmen zu können, benötigt man zwei Randbedingungen. Obwohl nur eine, nämlich $k(0) = k_0$ bekannt ist, läßt sich die optimale Wachstumsstrategie isolieren. Dazu sondert man jene Pfade der allgemeinen Lösung des Systems (147)/(152)aus, die dominiert werden oder sich als unzulässig erweisen. Dieses - auch im ersten Kapitel angewandte - Eliminationsverfahren führt zu folgendem Ergebnis: Für jede Anfangskapitalintensität $k(0)$ existiert ein Anfangs-Pro-Kopf-Konsum $c(0)$, so daß der Entwicklungspfad, der im Punkt $(k(0), c(0))$ beginnt und die Bedingungen (146) bis (149) erfüllt, sich asymptotisch einem quasi-stationären Gleichgewicht $\{{}^{**}k(t), {}^{**}c(t)\}$ nähert. Dieser Pfad repräsentiert die eindeutige optimale Wachstumsstrategie. Das quasi-stationäre Gleichgewicht braucht jedoch bei konsumabhängiger Wachstumsrate der Bevölkerung nicht eindeutig zu sein. Es hängt dann von der Anfangskapitalintensität $k(0)$ ab, welchen Gleichgewichtspfad die optimale Wachstumsstrategie ansteuert.

(3) Diese Behauptung soll nun bewiesen werden. Zunächst sei demonstriert, daß multiple Gleichgewichte des Systems (147)/(152) auftreten können, wenn die Funktion $n(c)$ die hier unterstellte Gestalt hat. Ein Gleichgewicht ist durch einen konstanten Kapitalbestand pro Kopf der Bevölkerung und einen konstanten Pro-Kopf-Konsum, d. h. durch die Bedingung $\dot{k} = 0$, $\dot{c} = 0$ charakterisiert. Ein Gleichgewichtspunkt $({}^{**}k, {}^{**}c)$ muß deshalb das Gleichungssystem

(153) $$\dot{k} = f(k) - n(c)k - c = 0$$

(154) $$\dot{c} = \frac{\{[1 + n'k]\,[f' - n - r] - n'\dot{k}\}c}{\sigma(c)[1 + n'k] + cn''k} = 0$$

bzw. das System

(155) $$f(k) - n(c)k - c = 0$$

(156) $$f'(k) - n(c) - r = \frac{n'\dot{k}}{1 + n'k}$$

befriedigen.

Graphisch gewinnt man alle k-c-Kombinationen, die ein Gleichgewicht repräsentieren, als Koordinaten der Schnittpunkte der Graphen von (155) und (156). Der Graph von (155) wurde bereits in Abb. 12(1) ermittelt. Er ist in Abb. 16(3) wiedergegeben. Um das Bild von (156) bestimmen zu können, wird zunächst die Kurve $f' - n - r = 0$ (wegen (148) mit $\dot{p}=0$ bezeichnet) konstruiert. Das geschieht, indem man in den Abbildungen 16(1) und 16(2) alle k-c-Wertepaare feststellt, die der Gleichung $f'(k) = n(c) + r$ genügen und sie mittels Abb. 16(4) in die Abb. 16(3) überträgt. Zusätzlich werden noch die Horizontalen aa und bb in die Abb. 16(3) eingetragen. Für alle Werte des Pro-Kopf-Konsums c, $c<a$ gilt $n'(c)>0$; für alle c, $a<c<b$, ist $n'(c)<0$ und für $c>b$ sowie $c = a$ ist $n'(c) = 0$.

Die Graphen der Gleichung (155), $\dot{k}=0$, und der Gleichung $f' - n - r = 0, \dot{p}=0$, sowie die beiden Geraden aa und bb unterteilen das Koordinatensystem der Abb. 16(3) in 14 Sektoren. In den Sektoren I, III, V, VI sowie IX, X, XII, XIII ist die Änderung des Pro-Kopf-Kapitals $\dot{k}$ positiv, in den übrigen hingegen negativ. Diesen Sachverhalt kann man sich leicht klar machen, wenn man bei konstantem Pro-Kopf-Kapital k (z. B. k^1) die Reaktion von $\dot{k}$ auf Änderungen des Pro-Kopf-Konsums c beobachtet. Im Punkt (k^1, c^1) ist $\dot{k}$ gleich null, denn dieser Punkt liegt auf dem unteren Ast des Graphen $\dot{k}=0$. Für $c<c^1$ ist $n(c)<n(c^1)$, $\dot{k}$ folglich positiv. Erhöht man den Pro-Kopf-Konsum von c^1 aus, wächst zunächst auch die Bevölkerungswachstumsrate $n(c)$, $\dot{k}$ wird somit negativ. Nimmt c weiter zu, sinkt $n(c)$ schließlich überproportional; es gibt einen Wert des Pro-Kopf-Konsums, bei dem die Abnahme von $n(c)$ die Zunahme von c gerade kompensiert hat, $\dot{k}$ ist wieder gleich null. Setzt man die Erhöhung von c fort, sinkt $n(c)$ vorläufig weiter überproportional, mit der Folge, daß $\dot{k}$ positiv wird. Für alle $c>b$ ist $n(c)$ konstant. Wächst daher c kontinuierlich, muß $\dot{k}$ endlich wieder negativ werden.

In analoger Weise läßt sich zeigen, daß in den Bereichen I, II, V, VIII, IX, XI und XII die Ungleichung $f' - n - r>0$ gilt, in den übrigen Bereichen dagegen $f' - n - r$ negativ ist.

Es soll nun der Graph der Gleichung (156), $\dot{c}=0$, ermittelt werden. Er kann nicht durch die Sektoren II, III, V, XI, XII, XIII und XIV laufen, da in diesen Bereichen die Relation (156) nicht erfüllbar ist. In II ist $f' - n - r>0$, $\dot{k}<0$, $n'>0$; die linke Seite von (156) ist folglich positiv, die rechte aber negativ. Umgekehrt ist in III die

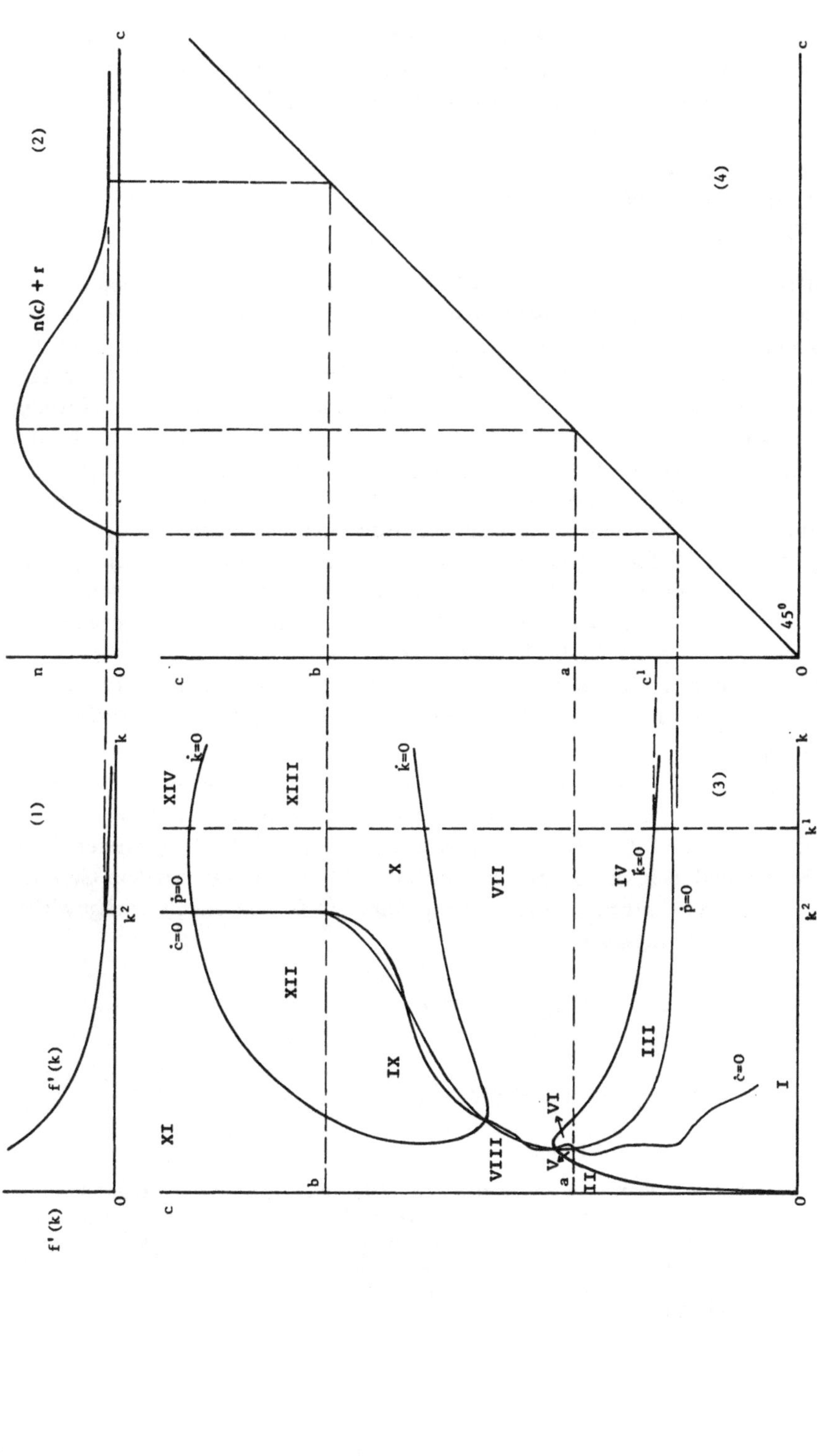
(1)
(2)
(3)
(4)
n(c) + r
f'(k)
n
c
k
0
a
b
c¹
k¹
k²
45⁰
ċ=0
ṗ=0
k̇=0
I
II
III
IV
V
VI
VII
VIII
IX
X
XI
XII
XIII
XIV

Abb.16

linke Seite von (156) negativ, die rechte hingegen positiv, da hier $f' - n - r > 0$, $\dot{k} > 0$, $n' > 0$. In den Sektoren XI und XII ist die linke Seite von (156) positiv, $f' - n - r > 0$, die rechte aber gleich null wegen $n' = 0$. In XIII und XIV hat die rechte Seite von (156) den Wert null, die linke ist negativ. Im Sektor V ist die linke Seite von (156) positiv, die rechte negativ, denn es gilt $n' < 0$, $|n'|$ ist aber so klein, daß $1/(1 + n'k) > 0$.

Der Graph der Gleichung (156), $\dot{c} = 0$, muß andererseits durch die Schnittpunkte der Graphen $\dot{k} = 0$ und $\dot{p} = 0$ laufen, in diesen Punkten haben beide Seiten von (156) den Wert null.

Im Bereich I sind $f' - n - r > 0$, $\dot{k} > 0$, $n' > 0$, beide Seiten von (156) folglich positiv. Es gibt mithin hier auch Wertepaare (k,c), die beide Seiten von (156) einander gleich machen. Diese Wertepaare konstituieren den Graph $\dot{c} = 0$. Er muß durch den Schnittpunkt der Horizontalen aa mit der Kurve $\dot{p} = 0$ gehen, weil für $c = a$ n' und damit die rechte Seite von (156) gleich null ist. Er läuft dann im Sektor VI weiter - hier ist $f' - n - r < 0$, $n' < 0$ und $|n'|$ so klein, daß $1/(1 + n'k) > 0$, (156) ist also erfüllbar -, durch den Schnittpunkt von $\dot{k} = 0$ mit $\dot{p} = 0$ hindurch und dringt in den Sektor VIII ein. Hier verbleibt er solange als $1/(1 + n'k) > 0$. Gilt diese Bedingung nicht mehr - mit steigendem Pro-Kopf-Konsum c wird $|n'|$ größer -, setzt er seinen Weg im Sektor VII fort. Er geht dann durch den zweiten Schnittpunkt der Graphen $\dot{k} = 0$ und $\dot{p} = 0$ hindurch und läuft zunächst im Sektor IX weiter. Hier sind $\dot{k} > 0$, $f' - n - r > 0$, $n' < 0$ und $1/(1 + n'k) < 0$; $|n'|$ wird mit steigendem c aber immer kleiner und $1/(1 + n'k)$ schließlich positiv. Dann wechselt der Graph $\dot{c} = 0$ in den Bereich X hinüber. Für alle $c > b$ ist $n' = 0$, die Kurve $\dot{c} = 0$ verläuft daher für alle $c > b$ als Senkrechte über k^2, wobei k^2 durch die Gleichung $f'(k^2) = n(c; c > b) + r$ bestimmt wird.

Konfrontiert man den soeben abgeleiteten Graphen der Gleichung (156), $\dot{c} = 0$, mit dem Graphen der Gleichung (155), $\dot{k} = 0$, so erkennt man, daß drei Schnittpunkte und mithin drei Gleichgewichte des Systems (155)/(156) existieren[27]. Da die Kurve $\dot{p} = 0$, d. h. der Graph der Gleichung $f' - n - r = 0$, mit dem Graphen $\dot{k} = 0$ dieselben Schnittpunkte hat wie die Kurve $\dot{c} = 0$, sind diese Gleichgewichte durch das Gleichungspaar

$$(157) \qquad f'(^{**}k) - n(^{**}c) - r = 0$$

$$(158) \qquad f(^{**}k) - n(^{**}c)k - {}^{**}c = 0$$

[27] Multiple Gleichgewichte treten auch in Modellen von Kurz und Arrow auf. Ursache dafür ist dort aber nicht eine von der Höhe des Pro-Kopf-Konsums abhängige Bevölkerungswachstumsrate, sondern die Berücksichtigung von privaten bzw. staatlichen Kapitalbeständen als Argument der sozialen Nutzenfunktion. Vgl. *Kurz*, M., Optimal Economic Growth and Wealth Effects; *Arrow*, K. J. and *Kurz*, M., Public Investment, The Rate of Return, and Optimal Fiscal Policy, S. 103 ff.

definiert. In diesen Punkten sind die Kapitalintensität und der Pro-Kopf-Konsum konstant. Da die Bevölkerung mit der Rate $n(^{**}c)$ wächst, müssen der Kapitalstock K sowie der Konsum C und folglich auch das Sozialprodukt Y und die Investition $\dot{K}$ mit demselben Prozentsatz zunehmen. Die Gleichgewichtspfade $\{^{**}k_1, {}^{**}c_1\}$, $\{^{**}k_2, {}^{**}c_2\}$, $\{^{**}k_3, {}^{**}c_3\}$ sind also quasi-stationär.

(4) Es soll nun gezeigt werden, daß der optimale Wachstumspfad tatsächlich gegen einen dieser quasi-stationären Gleichgewichtspfade konvergiert und daß es vom Anfangsbestand an Pro-Kopf-Kapital $k(0)$ abhängt, welches dieser Wachstumsgleichgewichte angestrebt wird. Das geschieht anhand der Abb. 17. Die Graphen $\dot{c}=0$ und $\dot{k}=0$ unterteilen das Koordinatensystem in mehrere Sektoren. Die Lösungen des Differentialgleichungssystems (147)/(152) für beliebige Anfangswerte des Pro-Kopf-Kapitals $k(0)$ und des Pro-Kopf-Konsums $c(0)$ erzeugen bestimmte Wachstumspfade $\{k(t), c(t)\}$, die entsprechend dem Sektor, in dem der Punkt $(k(0), c(0))$ liegt, in spezifischer Weise verlaufen. In den einzelnen Sektoren ist die allgemeine Bewegungsrichtung von Trajektorien, die den notwendigen Optimumbedingungen (147) und (152) genügen, durch Pfeile sichtbar gemacht.

Zunächst seien die Optimalitätseigenschaften aller Trajektorien untersucht, die zu einem Anfangswert des Pro-Kopf-Kapitals $k(0)$, $k(0) < {}^{**}k_2$ und beliebigen Anfangswerten des Pro-Kopf-Konsums $c(0)$ gehören. Es zeigt sich, daß ein durch II laufender Pfad seinen Sektor niemals verlassen kann. Denn nähert er sich der Grenze zum Sektor I, wird $\dot{c}$ gleich null, während $\dot{k}$ positiv bleibt; umgekehrt ist auf der Grenze zum Sektor III $\dot{c}$ negativ, $\dot{k}$ hingegen null, der Pfad weicht daher immer ins Innere des Sektors II zurück. Pfade in II können nicht optimal sein, da auf ihnen wegen $\dot{c}<0$ der Pro-Kopf-Konsum ständig niedriger wird. Sämtliche Pfade in II werden deshalb von anderen Pfaden, die bei derselben Anfangskapitalintensität möglich sind, dominiert. Trajektorien des Sektors IV verlassen diesen entweder überhaupt nicht oder nur zu einem Exkurs nach Sektor V. V wird von diesen Pfaden nur vorübergehend betreten, denn nach dem Eindeutigkeits- und Einbettungssatz für Differentialgleichungen müssen alle Trajektorien, die links der noch abzuleitenden Trajektorie durch die Punkte $(^{**}k_1, {}^{**}c_1)$, $(^{**}k_2, {}^{**}c_2)$ und $(^{**}k_3, {}^{**}c_3)$ laufen, wieder in den Sektor IV eindringen. Sämtliche Pfade in IV sind aber unzulässig, weil auf ihnen wegen $\dot{c}>0$ der Pro-Kopf-Konsum schließlich den Pro-Kopf-Output übersteigt und somit die Nebenbedingung $c \leq f(k)$ verletzt wird. Pfade in I oder III dringen entweder in die Bereiche II und IV ein – sie können dann nicht optimal sein – oder sie verbleiben in ihrem Sektor. Dann müssen sie aber gegen den Punkt $(^{**}k_1, {}^{**}c_1)$ konvergieren. Gemäß dem Eindeutigkeitssatz für Differentialgleichungen gibt es in I und III nur je eine Trajektorie mit dieser Eigenschaft. Sie repräsentiert für entsprechende Anfangskapitalintensitäten den optimalen Pfad.

Für $k(0)$, $^{**}k_1 < k(0) < {}^{**}k_2$, ist dies die Trajektorie $(^{**}k_2, {}^{**}c_2)$, $(^{**}k_1, {}^{**}c_1)$. Sie führt bei monoton sinkender Kapitalintensität $(\dot{k}<0)$ und ebenfalls monoton sin-

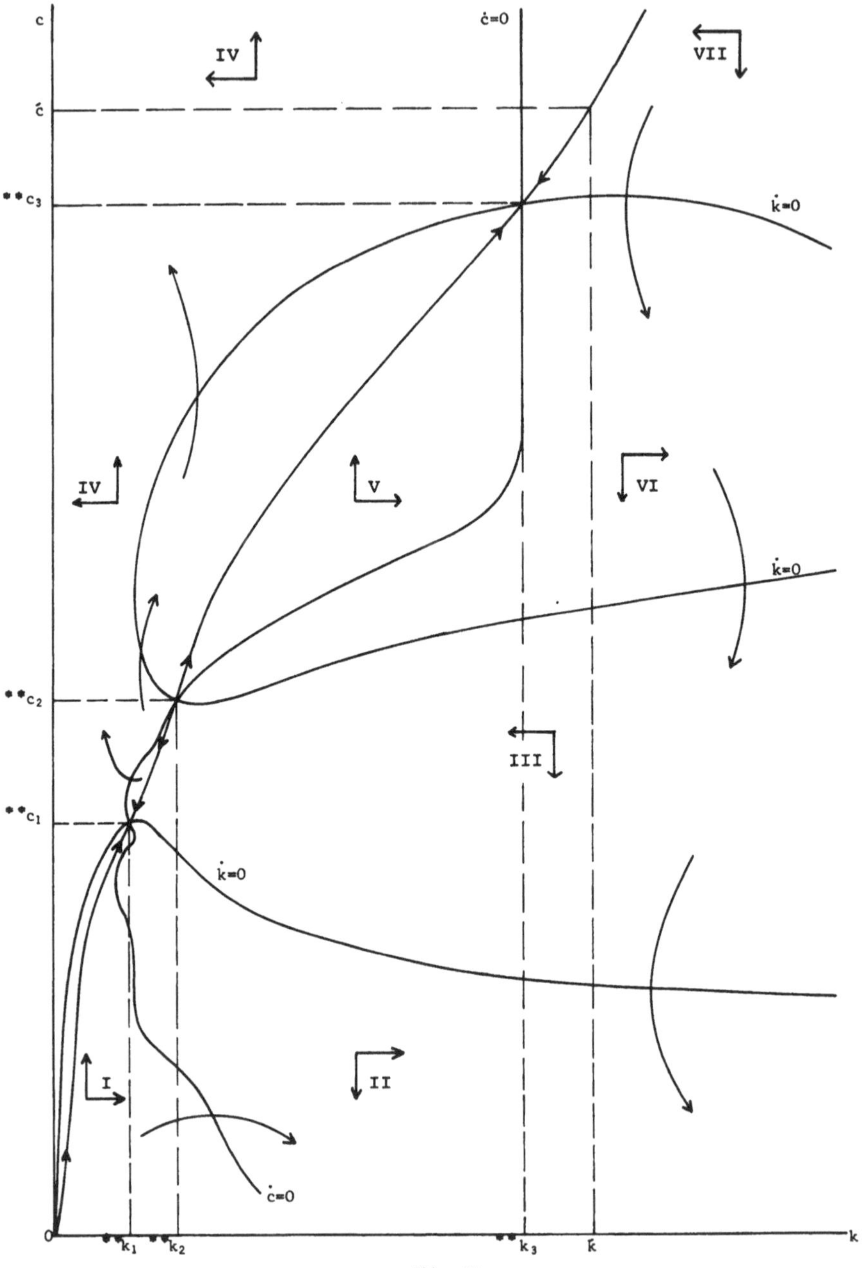

Abb. 17

kendem Pro-Kopf-Konsum $(\dot{c}<0)$ die Wirtschaft asymptotisch auf den quasi-stationären Gleichgewichtspfad $\{**k_1, **c_1\}$, auf dem alle absoluten Größen mit der Rate $n(**c_1)$ wachsen.

Ist $k(0) < **k_1$, nähert sich bei optimaler Wachstumspolitik die Wirtschaft auf der Trajektorie (0, 0), $(**k_1, **c_1)$ gleichfalls asymptotisch dem Gleichgewichtspfad $\{**k_1, **c_1\}$. Diese Annäherung vollzieht sich bei monoton steigendem Pro-Kopf-Kapital $(\dot{k}>0)$ und monoton steigendem Pro-Kopf-Konsum $(\dot{c}>0)$.

Analoge Betrachtungen ergeben, daß für $k(0) > **k_2$ in den Sektoren V und VII je eine Trajektorie existiert, die gegen das Gleichgewicht $(**k_3, \; **c_3)$ konvergiert. Diese Trajektorien stellen für entsprechende Anfangskapitalintensitäten die optimale Wachstumsstrategie dar. Denn alle anderen Pfade in V und VII verlassen ihren Sektor, gelangen schließlich in die Sektoren II oder IV und werden somit unzulässig oder dominiert.

Liegt die Anfangskapitalintensität $k(0)$ zwischen $**k_2$ und $**k_3$, so leitet die optimale Trajektorie $(**k_2, **c_2)$, $(**k_3, **c_3)$ die Volkswirtschaft auf den quasi-stationären Gleichgewichtspfad $\{**k_3, **c_3\}$, auf dem alle absoluten Größen mit der Rate $n(**c_3)$ zunehmen. Auf dem Wege dazu steigen die Kapitalintensität k und der Pro-Kopf-Konsum c monoton $(\dot{k}>0, \; \dot{c}>0)$. Ist die Anfangskapitalintensität $k(0) > **k_3$, so erfolgt die Annäherung an den Gleichgewichtspfad $\{**k_3, **c_3\}$ bei monoton sinkendem Pro-Kopf-Kapital $(\dot{k}<0)$ und monoton sinkendem Pro-Kopf-Konsum $(\dot{c}<0)$.

Die obigen Erörterungen haben folgendes Resultat gebracht: Ist der Anfangsbestand an Pro-Kopf-Kapital $k(0)$ gleich $**k_1$ $(**k_2, \; **k_3)$, dann maximiert die betrachtete Volkswirtschaft ihren durch das Integral $\int_0^\infty e^{-rt}U(c)dt$ gemessenen Wohlstand, wenn sie den Gleichgewichtspfad $\{**k_1, **c_1\}$ $(\{**k_2, **c_2\}, \; \{**k_3, \; **c_3\})$ realisiert, d. h. den Pro-Kopf-Konsum auf $**c_1$ $(**c_2, \; **c_3)$ festsetzt und ihn stets auf diesem Wert beläßt.

Ist $k(0) < **k_2$, wird der gesellschaftliche Wohlstand maximiert, wenn man sich auf den Trajektorien (0, 0), $(**k_1, **c_1)$ bzw. $(**k_2, \; **c_2)$, $(**k_1, \; **c_1)$ kontinuierlich dem Gleichgewichtspfad $\{**k_1, **c_1\}$ nähert.

Ist $k(0) > **k_2$, verhält sich die Volkswirtschaft optimal im Sinne des gewählten Wohlstandsfunktionals, falls sie auf der Trajektorie $(**k_2, **c_2)$, $(**k_3, **c_3)$ oder – für $k(0) > **k_3$ – auf der Trajektorie $(\bar{k}, \bar{c})$, $(**k_3, **c_3)$ den quasi-stationären Pfad $\{**k_3, **c_3\}$ ansteuert. Die beiden Gleichgewichte $(**k_1, **c_1)$ und $(**k_3, \; *c_3)$ sind Sattelpunkte. $(**k_2, \; **c_2)$ ist dagegen ein total instabiler Gleichgewichtspunkt. Er wird deshalb nur realisiert, wenn die Anfangskapitalintensität $k(0)$ den Wert $**k_2$ besitzt.

(5) Die drei Gleichgewichtspunkte $(**k_1, **c_1)$, $(**k_2, **c_2)$ und $(**k_3, \; **c_3)$ sind nicht mit jenen identisch, die bei der Diskussion des konsumniveaumaximierenden Gleichgewichtspfades ermittelt wurden. Dort war im Gleichgewicht die Bedingung

(159) $$f'(\hat{k}) = n(\hat{c})$$

erfüllt; hier aber gilt

(160) $$f'({}^{**}k) = n({}^{**}c) + r.$$

Da die Grenzproduktivität des Kapitals $f'(k)$ mit wachsender Kapitalintensität k sinkt, folgt $\hat{k} > {}^{**}k$ und $\hat{c} > {}^{**}c$. Außerdem gilt

(161) $$\lim_{r \to 0} {}^{**}k = \hat{k}, \qquad \lim_{r \to 0} {}^{**}c = \hat{c}.$$

Damit ist sichergestellt, daß auf dem wohlstandsmaximierenden Gleichgewichtspfad (dem Goldenen Nutzenpfad, vgl. Abschnitt 1.3.1.( )) die Kapitalintensität des konsumniveaumaximierenden Gleichgewichtspfads niemals überschritten wird, der wohlstandsmaximierende Gleichgewichtspfad somit stets dynamisch effizient ist (vgl. Abschnitt 1.1.3.(3)).

3. Zur wirtschaftspolitischen Relevanz der Theorie des optimalen Wachstums

"What makes for a beautiful problem in science? It may be logical beauty ... But a problem takes an extra luster if, in addition to its logical elegance it provides useful knowledge"[1].

3.1. Wirtschaftsordnung und das Problem der intertemporalen Allokation knapper Ressourcen

Gegenstand der vorliegenden Untersuchung war die Optimalität der intertemporalen Allokation knapper Ressourcen. Es wurde die Frage diskutiert, in welchen Relationen eine Volkswirtschaft ihr jeweiliges Sozialprodukt für Konsum- und Investitionszwecke verwenden soll. Zwar wird in jedem Zeitpunkt ein höherer Konsum einem niedrigeren vorgezogen; doch ein Mehr an Konsum impliziert ein Weniger an Investition, eine reduzierte Kapitalakkumulation aber beeinträchtigt die Konsummöglichkeiten in späteren Perioden. Mit der Wahl der Investitionshöhe ist deshalb stets eine Entscheidung zwischen Gegenwarts- und Zukunftskonsum zu treffen. Welche wirtschaftspolitische Bedeutung besitzt dieses Entscheidungsproblem und damit die mit seiner Lösung befaßte Theorie des optimalen Wachstums?

Für zentralverwaltungswirtschaftlich organisierte Gesellschaften ist die Antwort evident. Dort bestimmt eine zentrale Planungsbehörde die Anteile, in denen das Produktionspotential bei der Erzeugung von Konsum- und Investitionsgütern eingesetzt wird. Die Festlegung der Spar- und Investitionsquote bildet in einem solchen System die wirtschaftspolitische Kernaufgabe. Die grundsätzliche Relevanz einer Theorie, die dieses Entscheidungsproblem rational zu durchdringen versucht, kann mithin gar nicht hoch genug eingeschätzt werden. Angesichts der komplexen zeitlichen Abhängigkeiten, die hierbei auftreten, ist es gefährlich, bei der Lösung nur auf den „gesunden Menschenverstand" zu vertrauen; die Kosten von Fehlentscheidungen können sehr hoch sein. Diese Einsicht hat sich auch in den zentralgeplanten Volkswirtschaften der östlichen Welt durchgesetzt, der Theorie des optimalen Wachstums wird dort ein ständig zunehmendes Interesse entgegengebracht[2].

---

1 *Samuelson*, P. A., Foreword, in: Chakravarty, S., Capital and Development Planning, S. VII.

2 Vgl. dazu *Polster*, J., Zum Problem der optimalen Investitionsquote, Analyse und Vergleich zweier älterer und zweier neuerer sowjetischer Modelle, Berlin 1971.

In bezug auf marktwirtschaftlich orientierte Volkswirtschaften findet man die Meinung vertreten, die Fragestellung der Theorie des optimalen Wachstums sei irrelevant[3]. Die gesamtwirtschaftliche Ersparnis resultiere hier aus den Entscheidungen der einzelnen Wirtschaftssubjekte, die diese im Rahmen ihrer Möglichkeiten gemäß ihren Präferenzen fällten. Die so bestimmte Aufteilung des Sozialprodukts auf Ersparnis und Investitionen sei als optimal anzusehen. Eine wirtschaftspolitische Betätigung des Staates auf diesem Gebiet wird deshalb nicht nur als überflüssig, sondern als schädlich betrachtet.

Gegen diese Argumentation lassen sich mehrere Einwände vorbringen:

a) Bei der individuellen Sparentscheidung können externe Effekte auftreten. Die gesamtwirtschaftliche Ersparnis, die sich bei individueller Spartätigkeit ergibt, kann von der Höhe des Konsumverzichts abweichen, den die Mitglieder der betreffenden Gesellschaft kollektiv zu leisten bereit wären (isolation paradox[4]). Dann ist es aber unzulässig, die Summe der isoliert getätigten individuellen Ersparnisse von vornherein als gesamtwirtschaftliches Optimum anzusehen.

b) Wirtschaftspolitisch nicht gesteuertes Sparen kann zu einer gesamtwirtschaftlichen Kapitalintensität führen, die dynamisch ineffizient ist (vgl. Abschnitt 1.1.3.(3)), d. h. durch eine Reduktion der Sparquote könnten die Konsummöglichkeiten in der Gegenwart und in der Zukunft erweitert werden.

c) In allen existierenden Volkswirtschaften, die man als marktwirtschaftlich bezeichnet, übt der Staat heute direkt und indirekt einen erheblichen Einfluß auf den intertemporalen Verteilungsprozeß aus. Eine Beseitigung dieses Einflusses zu fordern, erscheint unrealistisch; desto notwendiger wird aber seine rationale Ausübung.

Aus den genannten Gründen folgt, daß die Fragestellung der Theorie des optimalen Wachstums für die wirtschaftspolitischen Instanzen einer marktwirtschaftlich orientierten Gesellschaft nicht weniger relevant ist als für die Planungsbehörden einer Zentralverwaltungswirtschaft.

Die oben durchgeführte Analyse unterstellte keine bestimmte Wirtschaftsordnung. Die zugrundegelegten Prämissen sind - soweit sie die Produktionsmöglichkeiten betreffen - offensichtlich universell. Bezüglich des gesellschaftlichen intertemporalen Präferenzsystems bestehen sicherlich gravierende Unterschiede in der Art und Weise seiner Ermittlung; diese Frage war aber nicht Untersuchungsgegenstand, die soziale Wohlstandsfunktion wurde als gegeben vorausgesetzt.

---

[3] Vgl. *Bauer*, P. T., Economic Analysis and Policy in Underdeveloped Countries, London 1957, S. 113 ff.

[4] *Sen*, A. K., On Optimizing the Rate of Saving, Economic Journal, Vol. 71 (1961), S. 488 f.: "This possibility of the apparent paradox is present whenever his (einer Person) relative valuation of others' consumption is such that he would prefer them to sacrifice some consumption for the future generations; and sacrificing something himself might, because of the indivisibility of the political decision, be the means of achieving this to a sufficient extent to over-compensate the loss that he would incur from his own act of sacrifice".

Während allerdings für eine Zentralverwaltungswirtschaft die Analyse mit der Bestimmung des optimalen Wachstumspfades abgeschlossen ist – seine Realisation erfolgt auf dem Wege direkter Anweisungen –, müßte eine vollständige Beschreibung der optimalen Wachstumsstrategie für marktwirtschaftlich organisierte Volkswirtschaften auch den Einsatz der einzelnen wirtschaftspolitischen Mittel umfassen, mit deren Hilfe die Wirtschaft in systemkonformer Weise auf den optimalen Wachstumspfad gebracht werden soll. Dieser Aspekt wurde in der vorliegenden Arbeit nicht diskutiert. Ansätze, ihn in die Theorie des optimalen Wachstums zu integrieren, sind aber bereits vorhanden[5].

3.2. Wirtschaftspolitische Aspekte der Untersuchungsergebnisse

In jeder Gesellschaft, unabhängig von ihrer ökonomischen und sozialen Organisation, stellt die intertemporale Allokation knapper Ressourcen ein wirtschaftspolitisches Grundproblem dar. Welchen Beitrag zu seiner Lösung vermag die Theorie des optimalen Wachstums beim gegenwärtigen Entwicklungsstand zu leisten? Eine Rückschau auf die durchgeführte Analayse kann vielleicht einige Aufschlüsse geben. Zwar wurde die Theorie des optimalen Wachstums keineswegs vollständig abgehandelt, doch sind die praktizierte Vorgehensweise und die Qualität der gewonnenen Ergebnisse durchaus typisch.

Innerhalb der neoklassischen Wachstumstheorie, in deren Rahmen sich die Untersuchung bewegte, lassen sich zwei Ansätze zur Ableitung optimaler Wachstumspfade unterscheiden. Die eine Richtung beschränkt sich auf einen Vergleich gleichgewichtiger Wachstumspfade und versucht, den Gleichgewichtspfad mit dem höchsten Konsumniveau pro Kopf der Bevölkerung zu isolieren. Die andere Richtung legt ihren Überlegungen eine soziale Wohlstandsfunktion zugrunde und zielt auf die Bestimmung des wohlstandsmaximierenden Entwicklungspfads, der nicht gleichgewichtig sein muß.

Beide Ansätze wurden hier diskutiert. Im ersten Kapitel geschah dies unter der Annahme einer konstanten, exogen gegebenen Bevölkerungswachstumsrate. Wie in Abschnitt 1.1.3. gezeigt werden konnte, existiert – sofern die Pro-Kopf-Produktionsfunktion eine streng konkave Funktion der Kapitalintensität ist – ein eindeutiger Gleichgewichtspfad, der das Niveau des Pro-Kopf-Konsums maximiert. Dieses Maximum ist um so höher, je größer die Grenz- und Durchschnittsproduktivität des Kapitals und je kleiner die Wachstumsrate der Bevölkerung ist. Ein Wachstum auf dem Goldenen Pfad setzt aber eine ganz bestimmte Größe der Kapitalintensität voraus. Weicht der herrschende Wert davon ab, so nähert sich die Wirtschaft, wenn

---

[5] Vgl. *Arrow*, K. J. and *Kurz*, M., Public Investment, The Rate of Return, and Optimal Fiscal Policy; *Foley*, D. K. and *Sidrausky*, M., Monetary and Fiscal Policy in a Growing Economy.

gemäß der Goldenen Regel gespart und investiert wird, zwar der optimalen Kapitalintensität, doch maximiert der Anpassungspfad das jeweilige Konsumniveau nicht.

Dieser Sachverhalt war Anlaß, nach optimalen Wachstumspfaden für beliebige Anfangsbedingungen zu suchen. Dazu benötigt man eine soziale Wohlstandsfunktion, die die Zeitpräferenz der Gesellschaft bezüglich des Konsums zum Ausdruck bringt. Die der Ermittlung einer solchen Funktion im Wege stehenden Schwierigkeiten sind gewaltig. Einige grundsätzliche Erörterungen hinsichtlich des Verlaufs der sozialen Nutzenfunktion, der Höhe des Nutzendiskonts und des Zeithorizonts finden sich in Abschnitt 1.2.

Um eine Vorstellung davon zu bekommen, welchen Einfluß die wichtigsten Parameter der sozialen Wohlstandsfunktion auf den Verlauf des wohlstandsmaximierenden Wachstumspfads haben, wurde das Optimierungsproblem in drei Varianten betrachtet. Die dem Abschnitt 1.3.1. zugrunde liegende Wohlstandsfunktion besaß einen positiven Nutzendiskont und eine positive Grenznutzenelastizität. Unter diesen Bedingungen existierte ein eindeutiger wohlstandsmaximierender Wachstumspfad, der die Wirtschaft je nach der Ausgangssituation monoton wachsend oder schrumpfend auf den gleichgewichtigen Goldenen Nutzenpfad führte. Der Pro-Kopf-Konsum ist stets positiv, vermag aber wegen der Irreversibilitätsannahme die Pro-Kopf-Produktion nicht zu überschreiten. Ist die Anfangskapitalintensität kleiner (größer) als die des Goldenen Nutzenpfads, so ist der Pro-Kopf-Konsum anfangs um so geringer (höher), je niedriger die Grenznutzenelastizität ist (vgl. Formel(62)). Die Lage des Goldenen Nutzenpfads hingegen wird von der Höhe der Grenznutzenelastizität nicht beeinflußt. Sie hängt bei gegebener Produktionsfunktion ausschließlich von der Bevölkerungswachstumsrate und dem Diskontsatz ab (vgl. Gleichung (54)). Dies läßt sich auch aus einem Vergleich der Ergebnisse des Abschnitts 1.3.1. mit denen des Abschnitts 1.3.2. entnehmen. In Abschnitt 1.3.2. war eine Grenznutzenelastizität von null unterstellt. Es wurde gezeigt, daß in diesem Fall die Sparquote auf dem optimalen Anpassungspfad stets einen ihrer Randwerte annimmt, also – falls kein Mindestkonsum gefordert wird – den Wert eins für eine wachsende und den Wert null für eine schrumpfende Wirtschaft; der Goldene Nutzenpfad hat dieselbe Lage wie in Abschnitt 1.3.1.

Abschnitt 1.4. erbrachte den Nachweis, daß trotz eines unendlichen Zeithorizonts sowie stets positiven Grenznutzens und stets positiver Grenzproduktivität des Kapitals auch bei einem Diskontsatz von null ein eindeutiger wohlstandsmaximierender Wachstumspfad existiert. Dieser konvergiert aber im Unterschied zu den Fällen eines positiven Diskonts gegen den Goldenen Pfad, der ceteris paribus ein höheres Niveau des Pro-Kopf-Konsums aufweist als der Goldene Nutzenpfad. Die sich im Ansatz eines positiven Diskonts ausdrückende Zeitpräferenz verhindert also, daß die Gesellschaft jemals das maximale Konsumniveau erreicht.

Im zweiten Kapitel wurde das intertemporale Allokationsproblem unter der Voraussetzung diskutiert, die Bevölkerungswachstumsrate sei endogen determiniert. Seit kurzem gibt es einige Versuche, die Analyse des optimalen Wachstums in dieser

Richtung zu erweitern[6]. Doch wird stets von der unrealistischen Annahme Gebrauch gemacht, die Wachstumsrate der Bevölkerung sei eine monoton steigende Funktion des Lebensstandards. Im Gegensatz dazu ging diese Untersuchung davon aus, die Wachstumsrate der Bevölkerung nehme mit steigendem Pro-Kopf-Konsums zunächst zu, falle dann aber wieder auf einen niedrigen konstanten Wert. Abschnitt 2.1. war der Begründung dieser Hypothese gewidmet.

In Abschnitt 2.2. wurde nachgewiesen, daß bei dem unterstellten Verlauf der Populationsfunktion multiple Gleichgewichte auftreten können. Die wirtschaftspolitische Bedeutung dieses Sachverhalts machte die Diskussion in Abschnitt 2.3.1. deutlich. Das Kriterium der Goldenen Regel ist nun für mehrere gleichgewichtige Wachstumspfade erfüllt; um den gleichgewichtigen Wachstumspfad mit dem absoluten Maximum des Pro-Kopf-Konsums zu isolieren, sind daher zusätzliche Überlegungen erforderlich. Dieser konsumniveaumaximierende Gleichgewichtspfad ist bei Realisierung der ihm zugeordneten Sparquote jedoch nur dann erreichbar, wenn die Ausgangskapitalintensität in einem bestimmten Wertebereich liegt. Andernfalls strebt die Wirtschaft gegen einen völlig inferioren Gleichgewichtspfad. Diese Erkenntnis ist insofern wichtig, als trotz der Kritik, die in Abschnitt 1.3.3. geübt wurde, doch eine Tendenz besteht, die Goldene Regel ihrer einfachen Verhaltensanweisung wegen als Leitmaxime der Wachstumspolitik nutzbar zu machen.

In Abschnitt 2.3.2. konnte gezeigt werden, daß der wohlstandsmaximierende Entwicklungspfad auch im Falle endogenen Bevölkerungswachstums der unterstellten Art gegen ein Wachstumsgleichgewicht konvergiert, das die Eigenschaften eines Goldenen Nutzenpfades aufweist. Als Zielpfad kommen nun zwei verschiedene Goldene Nutzenpfade in Betracht. Welcher angestrebt wird, hängt von der Ausgangskapitalintensität ab.

Die vorgetragene Analyse macht offensichtlich von einer Reihe vereinfachender Annahmen Gebrauch, wodurch der Wert ihrer Ergebnisse als Grundlage wirtschaftspolitischer Empfehlungen beeinträchtigt wird. Ein Abbau der allzu restriktiven Prämissen ist notwendig; Ansätze dazu kann man in der Literatur bereits finden. Trotz aller wünschenswerten Verbesserungen sind aber die hier beschriebenen und entwickelten Modelle nicht wertlos, gestatten sie es doch, die logische Struktur des Problems der intertemporalen Allokation knapper Ressourcen aufzudecken. Als Grundlage differenzierterer Modelle sind sie unentbehrlich.

---

6 Vgl. *Sato*, R. and *Davis*, E. G., Optimal Savings Policy When Labor Grows Endogenously; *Merton*, R. C., A Golden Rule for Welfare Maximization in an Economy with a Varying Labor Growth Rate; *Britto*, R., Steady-State Paths in an Economy with Endogenous Population Growth; *Whitaker*, J. K., Optimal Capital Accumulation and Endogenous Population Growth.

Literaturverzeichnis

Adelmann, I., Theories of Economic Growth and Development, Stanford 1961.

Allais, M., The Influence of the Capital-Output Ratio on National Real Income, Econometrica, Vol. 30 (1962).

Arrow, K. J., Social Choice and Individual Values, New York 1951.

– Application of Control Theory to Economic Growth, in: Dantzig, B. u. Veincott, A. F. (eds.), Mathematics of the Decision Sciences, Part 2, Providence 1968.

– Optimal Capital Policy with Irreversible Investment, in: Wolfe, J. N. (ed.) Value, Capital and Growth, Edinburgh 1968.

Arrow, K. J. u. *Kurz,* M., Optimal Growth with Irreversible Investment in a Ramsey Model, Econometrica, Vol. 38 (1970).

– Public Investment, The Rate of Return and Optimal Fiscal Policy, Baltimore/London 1970.

Baird, D., Variations in Fertility Associated with Changes in Health Status, in: Sheps, M. C. u. Ridley, J. C. (eds.), Public Health and Population Change, Pittsburgh 1965.

Bauer, P. T., Economic Analysis and Policy in Underdeveloped Countries, London 1957.

Becker, G. S., An Economic Analysis of Fertility, in: Demographic and Economic Change in Developed Countries, Princeton, N. J. 1960.

Beckmann, M., Wirtschaftliches Wachstum bei abnehmenden Skalenerträgen, in: Krelle, W. (Hrsg.), Theorien des einzelwirtschaftlichen und des gesamtwirtschaftlichen Wachstums, Schriften des Vereins für Socialpolitik, N. F., Bd. 34, Berlin 1965.

Bentham, J., An Introduction to the Principles of Morals and Legislation, in: Page, A. N. (ed.), Utility Theory: A Book of Readings, New York/London/Sydney 1968.

Bergson, A., A Reformulation of Certain Aspects of Welfare Economics, Quarterly Journal of Economics, Vol. 52 (1938).

Biraben, J.-M., L'évolution de la fécondité en Europe occidentale, European Population Conference, Strasbourg 1966.

Böhm-Bawerk, E. v., Positive Theorie des Kapitals, Bd. 1, 4. Aufl., Jena 1921.

Bombach, G., Optimales Wachstum und Gleichgewichtswachstum, in: Schneider, E. (Hrsg.), Optimales Wachstum und optimale Standortverteilung, Schriften des Vereins für Socialpolitik, N. F., Bd. 47, Berlin 1962.

– Wirtschaftwachstum, Handwörterbuch der Sozialwissenschaften, Bd. 12, Stuttgart/Tübingen 1966.

Britsch, K., Zur ökonomischen Theorie der Planung optimaler Entwicklung, Düsseldorf 1971.

Britsch, K. u. *Schips,* B., Eine einfache Einführung zur Pontrjagins Maximumprinzip im Wirtschaftswachstum, Weltwirtschaftliches Archiv, Bd. 105 (1971).

Britto, R., Steady-State Paths in an Economy with Endogenous Population Growth, Western Economic Journal, Vol. 18 (1970).

Buttrick, J. A., A Note on Growth Theory, Economic Development and Cultural Change, Vol. 9 (1960).

Cass, D., Optimum Growth in an Aggregate Model of Capital Accumulation, Review of Economic Studies, Vol. 32 (1965).

Cass, D. , On Capital Overaccumulation in the Aggregative, Neoclassical Model of Economic Growth: A Complete Characterization, Journal of Economic Theory, Vol. 4 (1972).

Cass, D. u. *Yaari*, M. E., Individuell Saving, Aggregate Capital Accumulation and Efficient Growth, in: Shell, K. (ed.), Essays on the Theory of Optimal Economic Growth, Cambridge (Mass.) 1967.

Chakravarty, S., Optimal Savings with Finite Planning Horizon, International Economic Review, Vol. 3 (1962).

Chakravarty, S., The Existence of an Optimal Savings Program, Econometrica, Vol. 30 ((1962).

Chakravarty, S., Capital and Development Planning, Cambridge (Mass.) 1969.

Clegg, J. C., Calculus of Variations, Edinburgh/New York 1968.

Coale, A. u. *Hoover*, E. M., Population Growth and Economic Development in Low-Income Countries, Princeton, N. J., 1958.

Coddington, E. A., Ordinary Differential Equations, Englewood Cliffs, N. J., 1961.

Coontz, S., Population Theories and the Economic Interpretation, London 1961.

Dasgupta, P. S., On the Concept of Optimum Population, Review of Economic Studies, Vol. 36 (1969).

Davis, E. G., Optimal Savings Policy when Labor Grows Endogenously, Ph. D. dissertation, Brown University 1968.

Davis, E. G., A Modified Golden Rule: The Case with Endogenous Labor Supply, American Economic Review, Vol. 59 (1969).

Diamond, P. A., National Debt in a Neoclassical Growth Model, American Economic Review, Vol. 55 (1965).

Diamond, P. A., The Evaluation of Infinite Utility Streams, Econometrica, Vol. 33 (1965).

Dobb, M., Political Economy and Capitalism, New York 1940.

Dorfmann, R., An Economic Interpretation of Optimal Control Theory, American Economic Review, Vol. 59 (1969).

Duschek, A., Vorlesungen über höhere Mathematik, 1. Bd., 4. Aufl., Wien/New York 1965.

Easterlin, R. A., Towards a Socio-Economic Theory of Fertility: A Survey of Recent Research on Economic Factors in American Fertility, in: Behrman, L. u. a. (eds.), Fertility and Family Planning: A World View, Ann Arbor 1969.

Eckstein, O., Investment Criteria for Economic Development and the Theory of Intertemporal Welfare Economics, Quarterly Journal of Economics, Vol. 71 (1957).

Elsgolc, L. E., Variationsrechnung, Mannheim/Wien/Zürich 1970.

Fisher, F., Embodied Technology and Existence of Labor and Output Aggregates, Review of Economic Studies, Vol. 35 (1968).

Fisher, F., Embodied Technology and the Aggregation of Fixed and Movable Capital Goods, Review of Economic Studies, Vol. 35 (1968).

Foley, D. K. u. *Sidrausky*, M., Monetary and Fiscal Policy in a Growing Economy, New York 1971.

Frey, B. S., Eine einfache Einführung zu Pontryagins Maximum Prinzip im Wirtschaftswachstum, Weltwirtschaftliches Archiv, Bd. 103 (1969 II).

Frey, B. S., Optimales Wachstum; Übersicht und Kritik, Jahrbücher für Nationalökonomie und Statistik, Bd. 184 (1970).

Frisch, R., Dynamic Utility, Econometrica, Vol. 32 (1964).

Gale, D., On Optimal Development in a Multi-Sector Economy, Review of Economic Studies, Vol. 34 (1967).

Gandolfo, G., Mathematical Methods and Models in Economic Dynamics, Amsterdam/London 1971.

Glycopantis, D., Optimality Conditions in Certain Models with Intertemporally Dependent Tastes, Western Economic Journal, Vol. 10 (1972).

Gray, P. u. *Tangri,* S., Economic Development and Population Growth, A Conflict?, Lexington 1970.

Grüss, G., Variationsrechnung, 2. Aufl., Heidelberg 1955.

Habakkuk, H. J., English Population in the Eighteenth Century, Economic History Review, 2nd. ser., Vol. 6 (1953).

Habakkuk, H. J., Population Growth and Economic Development since 1750, Leicester 1971.

Hahn, F. u. *Matthews,* R. C. O., The Theory of Economic Growth: A Survey, Economic Journal. Vol. 74 (1964).

Harrod, R. F., Towards a Dynamic Economics, London 1948.

Henry, L., La fécondité naturelle: observations, théorie, résultats, Population, Vol. 16 (1961).

Hicks, J., Capital and Crowth, Oxford 1965.

Inada, K., On a Two-Sector Model of Economic Growth: Comments and Generalization, . Review of Economic Studies, Vol. 30 (1963).

Inagaki, M., Optimal Economic Growth, Amsterdam/London 1970.

Jäger, K., Altersstrukturveränderungen der Bevölkerung, Ersparnis und wirtschaftliches Wachstum, Berlin 1973.

Jorgenson, D., The Development of a Dual Economy, Economic Journal, Vol. 71 (1961).

Kemp, M. C., *Hadley,* G., Variational Methods in Economics, Amsterdam/London 1971.

Koopmans, T. C., Stationary Ordinal Utility and Impatience, Econometrica Vol. 28 (1960).

Koopmans, T. C., Intertemporal Distribution and 'Optimal' Aggregate Economic Growth, in: Fellner, W. u. a., Ten Economic Studies in the Tradition of Irving Fisher, New York 1967.

Koopmans, T. C., Objectives, Constraints, and Outcomes in Optimal Growth Models, Econometrica, Vol. 35 (1967).

Koopmans, T. C., On the Concept of Optimal Economic Growth, in: The Econometric Approach to Development Planning, Amsterdam/Chicago 1965.

Koopmans, T. C., *Diamond,* P. A., *Williams,* R. E., Stationary Utility and Time Perspective, Econometrica, Vol. 32 (1964).

Krelle, W. u. *Gabisch,* G., Wachstumstheorie, Berlin/Heidelberg/New Yord 1972.

Kurz, M., Optimal Economic Growth and Wealth Effects, International Economic Review, Vol. 9 (1968).

Lancaster, K., Mathematical Economics, London 1971.

Lange, O., On the Economic Theory of Socialism, in: Lippinott, B. (ed.), On the Economic Theory of Socialism, Minneapolis 1938.

Lasalle, J. u. *Lefschetz,* S., Die Stabilitätstheorie von Ljapunow, Mannheim 1967.

Leibenstein, H., Economic Backwardness and Economic Growth, New York 1963.

Little, I. M. D., A Critique of Welfare Economics, London 1963.

Lloyd, C., Microeconomic Analysis, Homewood 1967.

Malinvaud, E., The Analogy Between Atemporal and Intertemporal Theories of Resource Allocation, Review of Economic Studies, Vol. 28 (1961).

Mangasarian, O. L., Sufficient Conditions for Optimal Control of Nonlinear Systems, Journal of the Society for Industrial and Applied Mathematics, Vol. 4 (1966).

Marglin, S. A., The Social Rate of Discount and the Optimal Rate of Investment, Quarterly Journal of Economics, Vol. 77 (1963).

Marshall, A., Principles of Economics, 8. Aufl., London 1920.

McFadden, D., The Evaluation of Development Programmes, Review of Economic Studies, Vol. 34 (1967).

Meade, J. E., Trade and Welfare, London/New York/Toronto 1955.

Meade, J. E., A Neoclassical Theory of Economic Growth, London 1961.

Merton, R. C., A Golden Rule for Welfare Maximization in an Economy with a Varying Population Growth Rate,Western Economic Journal, Vol. 19 (1971).

Michael, R. T., Education and Derived Demand for Children, Journal of Political Economy, Vol. 81 (1973).

Mirrlees, J. A., Optimum Growth When Technology is Changing, Review of Economic Studies, Vol. 34 (1967).

Morishima, M., Theory of Economic Growth, Oxford 1969.

Myint, H., The Economics of Developing Countries, London 1964.

Nelson, R. R., A Theory of Low Level Equilibrium Trap in Underdeveloped Economies, American Economic Review, Vol. 46 (1956).

Niehans, J., Economic Growth with Two Endogenous Factors, Quarterly Journal of Economics, Vol. 77 (1963).

Pearce, I. F., The End of the Golden Age in Solovia: A Further Fable for Growthmen Hoping to be 'One up' on Oiko, American Economic Review, Vol. 52 (1962).

Phelps, E. S., The Golden Rule of Accumulation: A Fable for Growthmen, American Economic Review, Vol. 51 (1961).

– The End of Golden Age in Solovia: Comment, American Economic Review, Vol. 52 (1962).

Phelps, E. S., Golden Rules of Economic Growth, New York 1966.

Pigou, A. C., The Economics of Welfare, 3.Aufl., London 1929.

Polster, J., Zum Problem der optimalen Investitionsquote, Analyse und Vergleich zweier älterer und zweier neuerer sowjetischer Modelle, Berlin 1971.

Pontryagin, L. S., Ordinary Differential Equations, London/Paris 1962.

Pontrjagin, L. S. u. a., Mathematische Theorie optimaler Prozesse, München/Wien 1967.

Ramsey, F. P., A Mathematical Theory of Saving, Economic Journal, Vol. 38 (1928).

Robinson, J., A Neoclassical Theorem, Review of Economic Studies, Vol. 29 (1962).

Robinson, J., The Accumulation of Capital, London/Melbourne/Toronto 1965.

Rose, K., Grundlagen der Wachstumstheorie, Göttingen 1971.

Ryder, H. E., Optimal Accumulation and Trade in an Open Economy of Moderate Size, in: Shell, K. (ed.), Essays on the Theory of Optimal Economic Growth, Cambridge (Mass.) 1967.

Ryder, H. E. u. *Heal,* G. H., Optimal Growth with Intertemporally Dependent Preferences, Review of Economic Studies, Vol. 40 (1973).

Samuelson, P. A., Turnpike Theorems Even Though Tastes Are Intertemporally Dependent, Western Economic Journal, Vol. 9 (1971).

Samuelson, P. A., An exact consumption-loan model of interest with or without the social contrivance of money, Journal of Political Economy, Vol. 66 (1958).

Sanders, W. u. *Willis,* R. J., Economic Models of Fertility: Some Examples and Implications, New York 1971.

Sato, R. u. *Davis,* E. G., Optimal Savings Policy When Labor Grows Endogenously, Econometrica, Vol. 39 (1971).

Sato, R. u. *Niho,* J., Population Growth and the Development of a Dual Economy, Oxford Economic Papers, Vol. 23 (1971).

Schips, B., Zur Theorie des optimalen Wachstums, Meisenheim 1969.

Schultz, T. P., A Preliminary Survey of Economic Analyses of Fertility, American Economic Review, Papers and Proceedings, Vol. 63 (1973).

Schultz, T. P., The Value of Children: An Economic Perspective, Journal of Political Economy,Vol. 81 (1973).

Shell, K., Optimal Programs of Capital Accumulation for an Economy in which there is Exogeneous Technical Change, in: Essays on the Theory of Optimal Economic Growth, Cambridge (Mass.) 1967.

Shell, K., Application of Pontriagin's Maximum Principle to Economics, in: Kuhn, H. W. u. Szegö, G. P. (eds.), Mathematical Systems, Theory and Economics I, Berlin/Heidelberg/New York 1969.

Sen, A. K., On Optimizing the Rate of Saving, Economic Journal, Vol. 71 (1961).

— Collective Choice and Social Welfare, Edinburgh/London 1970.

Solow, R. M., A Contribution to the Theory of Economic Growth, Quarterly Journal of Economics, Vol. 70 (1956).

Solow, R. M., Growth Theory, Oxford 1970.

Stöwe, H. u. *Härtter,* E., Lehrbuch der Mathematik für Volks- und Betriebswirte, Göttingen 1972.

Swan, T. W., Economic Growth and Capital Accumulation, Economic Record, Vol. 32 (1956).

Swan, T. W., Of Golden Ages and Production Functions, in: Berrill, K. (ed.), Economic Development with Special Reference to East Asia: Proceedings of a Conference Held by the International Economic Association, New York 1964.

Tabbarah, R. B., Towards a Theory of Demographic Development, Economic Development and Cultural Change, Vol. 19 (1971).

Tinbergen, J. u. *Bos,* H. C., Mathematical Models of Economic Growth, New York 1962.

United Nations, Department of Social Affairs, Population Division, The Determinants and Consequences of Population Trends, Population Studies, No. 17, New York 1953.

Vincent, P., La stérilité physiologique des populations, Population, Vol. 5 (1950).

Vosgerau, H. J., Über optimales wirtschaftliches Wachstum, Basel/Tübingen 1965.

Wan, H. Y., Optimal Saving Programs Under Intertemporally Dependent Preferences, International Economic Review, Vol. 11 (1970).

— Economic Growth, New York 1971.

Weizsäcker, C. Ch. v., Wachstums, Zins und optimale Investitionsquote, Basel/Tübingen 1962.

Weizsäcker, C. Ch. v., Existence of Optimal Programs of Accumulation for an Infinite Time Horizon, Review of Economic Studies, Vol. 34 (1967).

Whitacker, J. K., Optimal Capital Accumulation and Endogenous Population Growth, Rivista Internazionale Di Scienze Economiche e Comerciale, Vol. 18 (1971).

Willis, R. J., The Economic Determinants of Fertility Behavior, Washington 1968.

— A New Approach to the Economic Theory of Fertility Behavior, Journal of Political Economy, Vol. 81 (1973).

Kolibri 360 GmbH
Ferdinand-Jühlke-Straße 7
99095 Erfurt, Deutschland
produktsicherheit@kolibri360.de

Druck:
CPI Druckdienstleistungen GmbH
im Auftrag der
Kolibri 360 GmbH
Ferdinand-Jühlke-Str. 7
99095 Erfurt